贈參議公謫所詩歌
증참의공 적소시가, 갑산에서 귀양살이하며 읊다
국문 시가편

<지만지한국문학>은
한국의 고전 문학과 근현대 문학을 출간합니다.
널리 알려진 작품부터
세월의 흐름에 묻혀 이름을 빛내지 못한 작품까지
적극적으로 발굴합니다.
오랜 시간 그 작품을 연구한 전문가가
정확한 번역, 전문적인 해설, 풍부한 작가 소개, 친절한 주석을
제공합니다.

贈參議公謫所詩歌
증참의공 적소시가, 갑산에서 귀양살이하며 읊다
국문 시가편

이광명(李匡明) 지음

김명준 옮김

대한민국, 서울, 지만지한국문학, 2024

편집자 일러두기

- 이 책은 국사편찬위원회 소장 《증참의공 적소시가(贈參議公謫所詩歌)》를 저본으로 삼았습니다.
- 《증참의공 적소시가》에서 국문 작품만을 간추려 번역했습니다.
- 작품 순서는 원전을 따랐으나 시조의 경우 편의상 조정했습니다.
- 이 책의 번역은 기존의 번역물을 참고했으나 번역이 매끄럽지 못하고 오역한 것들도 적지 않아 이를 바로 잡았으며 일반 독자들을 위해 좀 더 쉽게 풀었습니다. 〈북찬가〉는 장정수(2021), 〈이주풍속통〉은 윤병석(1977), 곽충구(2010) 등을 참고했습니다.
- 본문은 작품에 대한 간단한 설명을 앞에 두고 현대어 번역문과 원문을 수록했습니다. 단, 함남 방언을 주로 사용한 〈이주풍속통〉은 독자들이 이해하기 쉽도록 원문 뒤에 현대 서울말로 뜻풀이를 추가했습니다.
- 독자의 이해를 돕기 위해 필사본 영인본을 부록으로 함께 실었습니다. 이 부록 부분은 원전의 제책 방식을 따랐으므로 오른쪽 위에서 왼쪽 아래로 읽도록 되어 있습니다.
- 이 책의 주석과 작품 해설은 기존 연구 성과를 참고해 옮긴이가 독자의 이해를 돕기 위해 단 것입니다.
- 작품 원문에는 단락 구분과 띄어쓰기가 없으나 독자의 이해를 돕기 위해 옮긴이가 임의로 정리했습니다.
- 작품 원문에 한자가 병기되어 있는 경우 한자를 ( ) 안에 병기했습니다. 작품 원문과 현대어역에서 [ ] 안의 내용은 원문에는 없지만 전후 문맥의 흐름을 매끄럽게 하거나 이해를 돕기 위해 옮긴이가 덧붙인 것입니다. 또한 괄호 안의 말과 바깥 말의 독음이 다를 때, 괄호가 중복될 때에도 [ ]를 사용했습니다.

차 례

북찬가(北竄歌)

고독한 상황 · · · · · · · · · · · · · · · · 6
은거지에 정착 · · · · · · · · · · · · · · · 8
편모 봉양을 통한 효의 실천 · · · · · · · · · · · · 9
유배형을 당한 처지와 노모 걱정 그리고 군은 · · · · · 11
노모와 작별 · · · · · · · · · · · · · · · · 14
귀양길의 고통과 사회로의 관심 전이 · · · · · · · 17
귀양길의 어려움과 사회적 관심 확대 · · · · · · · · 20
귀양길에서 들은 비보와 유배지에 도착 · · · · · · · 23
유배인의 처지와 고통스러운 삶 그리고 갈망 · · · · 26
어머니에 대한 그리움과 의지의 좌절 · · · · · · · · 31
희미한 희망, 효친과 연군 · · · · · · · · · · · 34

시조 세 편

청천에 · · · · · · · · · · · · · · · · · 41
놀기 좋은 · · · · · · · · · · · · · · · · 43
하늘 땅 · · · · · · · · · · · · · · · · · 45

이주풍속통(夷州風俗通)

갑산의 풍속을 적다 · · · · · · · · · · · 51
갑산에 도착 · · · · · · · · · · · · · · 52
갑산의 물산과 식생활 · · · · · · · · · · 59
주인의 은덕 · · · · · · · · · · · · · · 68
토산품 · · · · · · · · · · · · · · · · 71
농경 · · · · · · · · · · · · · · · · · 75
축산과 특산품 · · · · · · · · · · · · · 83
상거래 · · · · · · · · · · · · · · · · 90
주거 · · · · · · · · · · · · · · · · · 94
민속과 유풍 · · · · · · · · · · · · · · 99
육아와 인사 예절 · · · · · · · · · · · 106
갑산의 상황 및 실태 그리고 제언 · · · · · · · 110

원문 · · · · · · · · · · · · · · · · · 119

해설 · · · · · · · · · · · · · · · · · 159
참고 문헌 · · · · · · · · · · · · · · · 162
지은이에 대해 · · · · · · · · · · · · · 164
옮긴이에 대해 · · · · · · · · · · · · · 167

북찬가(北竄歌)

이 작품은 이광명(李匡明, 1701~1778)이 유배에 처해진 1755년에 지은 것으로, 백부 이진유(李眞儒, 1669~1730)의 역모 죄가 다시 제기되면서 종질인 이광명이 갑산으로 유배를 가게 된 것이 창작의 계기가 되었다. 이진유가 죽고 25년이 흐른 뒤 영조 31년(1755)에 일어난 을해사옥(乙亥邪獄)으로 이진유 일가는 연좌율에 따라 이진유의 형제와 아들, 조카들이 모두 유배를 떠나게 된다. 이광명도 이진유의 막냇동생의 아들이라는 이유로 함경도 갑산으로 유배를 가게 되었다.

작품은 크게 유배 가기 전, 유배지로 가는 도중, 유배지 도착 후의 심경 등을 자전적으로 술회하고 있다. 유배 가기 전 강화도에서의 삶은 편모슬하에서 효를 행했으나, 서울을 향한 마음과 효를 넘는 오륜, 즉 충을 이루지 못한 것에 대한 미련이 남아 있었다. 유배형을 언도받은 것에 대해서도 군주의 은전(恩典)이라 하고, 연좌에 따른 화(禍) 역시 군주와 조정의 관심이자 화자와 화자 가문의 부활의 계기로 삼으려는 의지를 보이고 있다. 유배지로 가는 도중에 고통받는 화자의 처지를 그리면서도 관심을 사회와 국가로 확장하고 있다. 백성에게 삼일우(단비)가 되고 싶은 시혜자의 의식, 군주를 향하는 연군 의식, 국가의 미래를 걱정하는 우국 의식 등 자신의 역할에 대해 새로이 각

성하게 된다. 유배지에 도착한 이후 화자는 전거(典據)와 역사적 인물들을 떠올리며 자신을 굴원, 백거이와 같은 반열에 놓고 새로운 도약을 꿈꾼다. 지금의 시름을 해소하기 위해서는 오직 경국(서울)으로의 진출이 유일한 방법이자 목표인 것이다. 이를 위해 화자는 '효친(孝親)'을 매개로 군주를 설득한다. 이미 군주 역시 '효'의 가치와 의미를 선지(先知)하고 있다고 믿기 때문이었다. 이처럼 화자는 임금의 '효치(孝治)'에 기대어 자신의 소망인 정치적 귀환을 바랐던 것이다.

화자가 '효'를 통해 임금과의 교감을 이끌어 내려 한 이유는 화자 가문과 깊은 관계를 맺고 있는 영조(英祖)를 염두에 두었기 때문이라 할 수 있다. 영조가 비록 자신의 가문을 제거하려 했지만 영조의 탕평론과 《효경》·《충경》의 간행 사업 등에서 화자는 부활의 가능성을 읽었으며, 결국 화자는 '효'를 영조에게는 왕권 강화의 방안이자, 자신에게는 정계 진출의 방법으로 파악했던 것이다. 다시 말해 충의 전제로서 효의 의미, 즉 '효치천하(孝治之下)'에 따라 강력한 왕권을 구축하려 했던 영조와, 이미 효의 성공적 실천가로서 효의 궁극적 완성을 위해 충에 이르러야 한다는 화자의 생각에 '효'가 자리 잡고 있었던 것이다. 따라서 〈북찬가〉는 작가 이광명이 백부 이진유의 연좌에 따른 유배형을 정계 복귀를 위한 기회로 삼아, 이를 위해 영조의 효치 정책을 충실히 이해해서 효친과 연군의 관계를 확장하고, 여로와 유배지에서 위정자와 역사적 인물들과의 심리적 교감을 여러 전거와 수사를 통해 드러내면서, 마음의 고향인 경화로의 귀경을 노래한 작품이라 할 수 있다.

고독한 상황

　가련하구나 작고 볼품없는 내 신세여 천지간에 누구와 비할까
　열 살에 일찍 홀로 되니 아버지를 안다 할까
　일생이 버려졌으니 벼슬을 바라볼까
　친척이 다 흩어졌으니 친구야 있겠느냐
　아내조차 병이 있으니 출산도 험하고
　형제는 본래 없고 양자(養子)마저 잃어
　오륜에 벗어나니 팔자도 외롭구나
　홀어미만 의지하여 지극한 낙이 이뿐이라

원문

　가련(可憐)타 묘여일신(貓如一身) 텬지간(天地間)의 뉘 비(比)호고
　십셰(十歲)에 조고(早孤)호니 엄안(嚴顔)을 안다 홀가
　일싱(一生)을 영폐(永廢)[1]호니 군문(軍門)[2]을 브라볼가
　친쳑(親戚)이 다 블이니 붕우(朋友)야 니를소냐
　셰군(細君)조차 포병(抱病)호니 싱산(生産)도 머흘시고

형뎨(兄弟)는 본듸 업고 계주(繼子)룰 무자 일헤

오륜(五倫)의 버서나니 팔주(八字)도 궁독(窮獨)홀샤

편친(偏親)만 의지(依支)ᄒ여 지낙(至樂)이 이샌이라

1) 영폐(永廢) : 영원히 없애 버림. 여기서는 화자의 일생이 버려졌다는 뜻으로 보인다.

2) 군문(軍門) : 군영의 문. 여기서는 군문(君門) 또는 벼슬을 뜻하는 것으로 보인다.

은거지에 정착

고아의 두려운 마음 넘어질 듯 다칠 듯
벼슬도 뜻이 없어 세상 근심을 피하리라
서울 같은 번화한 곳을 전성기에 하직하고
바다 마을에 깊이 들어 바위 구멍에 감추었으니
서울 손님 못 만나니 인간 시비를 내 알던가
지극한 바람을 이루었는가 복된 땅이 여기로다

원문

고ᄋ(孤兒)의 두린 ᄆᆞᆷ 넘쁠 듯 다칠 듯

과환(科宦)도 뜻이 업서 셰망(世網)을 피(避)ᄒ리라

경낙(京洛)ᄀ치 번화지(繁華地)를 젼셩시(全盛時)의 하딕(下直)ᄒ고

ᄒᆡ곡(海曲)으로 깁히 들어 암혈(岩穴)에 곱최이니

경화긱(京華客) 못 맛나니 인간(人間) 시비(是非) 내 아던가

지원(至願)을 일우거냐 복지(福地)가 여긔로다

편모 봉양을 통한 효의 실천

콩과 물을 못 먹어도 슬하에 성장해
어머니 가르침을 스승 삼아 맹모삼천지교를 바라보고
아들 노릇 딸 노릇 어린아이 재롱 일삼으며
어머니의 연세가 점점 올라가니 멀리 나갈 뜻이 있겠는가
묘제(墓祭) 길도 못 다닐 제 지극한 정이 부족할까
집 뒤에 묘를 옮기고 아침저녁 묘소에 절을 하니
산 자를 봉양하며 죽은 자를 섬김에 정리(情理)와 예의를 거의 펼 듯
입신양명과 편모 모심을 제대로 못하겠지만 힘껏 받들리라

원문
숙슈(菽水)3)를 못 니워도 슬하(膝下)의 댱시(長侍)ㅎ여

---

3) 슉슈(菽水) : 숙수. 콩과 물이라는 뜻으로 변변하지 못한 음식을

ᄌᆞ훈(慈訓)을 엄ᄉᆞ(嚴師) 삼아 삼쳔교(三遷敎)를 ᄇᆞ라보고

아ᄃᆞᆯ 노롯 ᄯᆞᆯ 노롯 유ᄋᆞ희(乳兒戱)를 일삼으며

친년(親年)이 졈고(漸高)ᄒᆞ니 원유(遠遊)를 의ᄉᆞ(意思)홀가

졀ᄉᆞ(節祀)4) 길도 못 둣닐 제 지졍(至情)이 결연(缺然)홀샤

집 뒤혜 텬장(遷葬)ᄒᆞ고 됴셕(朝夕)의 쳠ᄇᆡ(瞻拜)ᄒᆞ니

양싱(養生)이며 ᄉᆞ망(事亡)ᄒᆞ매 졍녜(情禮)를 거의 펼 듯

닙신(立身) 편양(便養) 못 ᄒᆞ거니 힘대로나 밧들니라

뜻한다.
4) 졀ᄉᆞ(節祀) : 절사. 명절에 지내는 제사.

유배형을 당한 처지와 노모 걱정 그리고 군은

  후손이 없어 처량해 내 몸 다해
  천만 근심 다 버리고 여생을 즐기려니
  놀랍게도 뜻밖에 재앙을 당해
  30여 년 묵힌 임금의 특전 오늘날에 또 면할까
  시골 감옥에 스스로 찾아가서 처분을 기다릴새
  맑은 날 벼락 내리고 눈 위에 서리 치니
  눈썹에 떨어진 재앙 독에 들어간들 피할런가
  내 몸 화와 복이야 저 하늘만 믿었던들
  외로운 우리 편모 누구로 위안 삼을꼬
  해와 달이 높고 밝아 옥석(玉石)을 가릴 것이니
  임금의 명령이 울렸으니 더하기야 하겠는가
  죽은 나무 봄을 만나 마른 뼈에 살이 오르니
  남쪽에 숨든 북으로 유배 가든 죄가 아니라 영광일세
  베틀 북 던졌던 놀란 마음 동구 밖에서 감격해 목메어 우네
  임금의 은혜와 하늘이 준 행운은 결초한들 다 갚을까

원문

후ᄉ(後嗣)도 쳐냥(凄涼)ᄒ니 내 몸신장 다ᄒ오려

쳔만(千萬) 근심 다 ᄇ리고 여싱(餘生)을 즐기러니

경심(驚心)타 지어앙(池魚殃)5)에 묵은 불 닐어나니

삼십여 년(三十餘年) 눅힌 은젼(恩典) 오늘날에 쏘 면(免)ᄒᆯ가

향옥(鄕獄)에 ᄌ취(自就)ᄒ여 쳐분(處分)을 기ᄃ일ᄉ|

빅일(白日)에 벽녁(霹靂) ᄂ려 눈 우희 서리 치니

눈섭에 ᄶ러진 익(厄) 독의 든ᄃᆯ 피(避)ᄒᆯ너가

일신(一身)의 화복(禍福)이야 피창(彼蒼)6)만 미더신ᄃᆞᆯ

외로을손 우리 편모(偏母) 눌노 ᄒ여 위안(慰安)ᄒᆞ고

일월(日月)이 고명(高明)ᄒᄉᆢ 옥셕(玉石)을 글희시니

특지(特旨)의 ᄒᆞᆫ 말ᄉᆞᆷ이 ᄌ명(自鳴)ᄒᆞᆫᄃᆞᆯ 더ᄒᆞᆯ소냐

죽은 남기 봄을 만나 무ᄅᆞᆫ 새회 ᄉᆞᆯ 도치니

남찬(南竄) ᄒ나 북젹(北謫) ᄒᆞᆫᄃᆞᆯ 죄(罪)가 아냐 영광(榮

---

5) 지어앙(池魚殃) : 중국 초나라의 성문이 탔을 때 불을 끄느라고 못물을 퍼내 없애서 못 안의 고기가 다 말라 죽었다는 고사가 있다. 여기서는 백부 이진유의 역모 죄에 연루됨을 뜻한다.

6) 피창(彼蒼): 저 하늘.

光)일식

투져(投杼)ᄒ던 남은 경혼(驚魂) 의녀(倚閭)ᄒ고 감읍(感泣)홀네

이 군은(君恩) 이 텬힝(天幸)은 결초(結草)[7]ᄒᆞᆫ들 다 갑흘가

---

7) 결초 : 결초보은(結草報恩).

노모와 작별

견문이 부족한 강화 수령도 법 밖에는 측은하거늘
지친인 판금의부사는 내 언제 저버릴 것인가
불모지를 찾고 찾아 북쪽 끝에 던져지니
어머니에게 미친 말이 놀라운 듯 다행인 듯
험한 곳을 생각 않고 밤낮으로 달려와서
하룻밤 하루 낮을 손잡고 작별할 때
60세 늙은이가 80세 병든 모친을 떠나올 제
수천 리 끝없는 길 다시 보기 기약할까
이내 사정 이내 이별 고금에 듣지도 못해
햇빛도 참담커든 쇠와 돌도 견딜 것인가
어머니의 뜻을 진정하려 모진 마음 둘러 먹고
서러운 간장 차곡차곡 담아 눈물을 참고 참아
하직하고 문을 나서니 가슴이 터지도다

원문

소민(素昧)[8]에 강도샹(江都相)[9]도 법(法) 밧긔는 측은(惻隱)커눌

지친(至親)10)의 판금오(判金吾)11)는 닉 언제 져ᄇ린가

불모지(不毛地) 츳곡 츳자 극북(極北)에 더지이니

북당(北堂)12)의 미츤 말이 놀나온 듯 다힝(多幸)흔 듯

험딘(險津)13)을 헤지 말고 듀야(晝夜)로 돌녀와서

ᄒᆞᄅ밤 ᄒᆞᄅ 나즐 손잡고 작별(作別)홀 시

뉵십(六十) 쇠년(衰年)14) 빅발옹(白髮翁)이 팔질(八耋)15) 병친(病親) 써나올 제

수쳔 니(數千里) 흔(限)업순 길 다시 보기 긔약(期約)홀가

이내 정경(情境)16) 이내 니별(離別) 고금(古今)의 듯도

---

8) 소미(素昧) : 소매. 견문이 좁고 사리에 어두움.

9) 강도샹(江都相) : 강도상. 강화도의 수령.

10) 지친(至親) : 가까운 친족.

11) 판금오(判金吾) : 판의금부사. 의금부의 으뜸 벼슬.

12) 북당(北堂) : 어머니.

13) 험딘(險津) : 험진. 위험한 곳.

14) 쇠년(衰年) : 늙어서 점점 쇠약해 가는 나이.

15) 팔질(八耋) : 여든 살을 이르는 말.

16) 정경(情境) : 정경. 사람이 처해 있는 모습이나 형편.

못히
    일쇠(日色)도 참담(慘憺)커든 텰셕(鐵石)인들 견될손가
    친의(親意)를 딘졍(鎭定)ᄒ려 모진 ᄆᆞ음 둘너 먹고
    셜운 간댱(肝腸) 셜이 담아 눈물을 ᄎᆞ고 ᄎᆞ마
    하딕(下直)ᄒ고 문(門)을 나니 가슴이 터지거다

귀양길의 고통과 사회로의 관심 전이

팔척장신 내 몸이 짐짝처럼 실렸으니
창릉 역마을 수십 리에 송추를 지나갈 때
조상의 말씀을 듣는 듯 아이의 원혼이 따르는 듯
지극한 원한이 쌓인 회포 통곡한들 풀릴쏘냐
엄책이 유한하니 잠시라도 머무를까
부실한 말 채를 쳐 몰아 괴로움을 면할쏘냐
양주라 놀던 땅에 알던 사람 다 피하고
청화현 낮에 들어 주인도 좋다마는
행색이 볼 데 없어 간 곳마다 곤욕이라
자고 새고 가고 가니 뒷길은 나날이 머네

원문

팔척댱신(八尺長身) 설잉구여17) 반부담(半負擔)18)의 실

---

17) 설잉구여 : 정확하게 해독은 어려우나 맥락상 화자 자신을 가리키는 뜻으로 보인다. 참고로 장정수는 '웅크리고'로 풀었다. 장정수,

녀시니

창능참(昌陵站)[19] 수십니(數十里)의 숑츄(松楸)를 디나갈시

조훈(祖訓)[20]을 듯줍는 듯 ᄋᆞ혼(兒魂)이 ᄯᅩ로는 듯

지원(至冤)ᄒᆞᆫ ᄡᅡ힌 회포(懷抱) 통곡(痛哭)ᄒᆞᆫᄃᆞᆯ 플닐소냐

엄견(嚴譴)[21]이 유ᄒᆞᆫ(有限)ᄒᆞ니 경긱(頃刻)인ᄃᆞᆯ 엄뉴(淹留)[22]ᄒᆞᆯ가

부용(附庸)ᄆᆞᆯ[23] 채쳐 몰아 십전구돈(十顚九頓)[24] 면(免)ᄒᆞᆯ소냐

《조선후기 사대부가사》(문학동네, 2021), 100면 참조.

18) 반부담(半負擔) : 물건을 담아서 말에 실어 운반하는 자그마한 농짝이나 짐짝. 혹은 부담짝 절반 정도의 짐짝 또는 그것을 실은 말.

19) 창능참(昌陵站) : 창릉참. 창릉 역마을. 창릉은 서오릉 중 하나로 조선 예종과 계비 안순 왕후의 능이다.

20) 조훈(祖訓) : 조상의 가르침.

21) 엄견(嚴譴) : 엄책. 엄하게 꾸짖음.

22) 엄뉴(淹留) : 엄류. 오래 머무름.

23) 부용(附庸)ᄆᆞᆯ : 힘이 모자라는 말.

24) 십전구돈(十顚九頓) : 십전구도(十顚九倒). 열 번 엎어지고 아홉 번 거꾸러진다는 뜻으로 숱한 괴로움을 겪음을 이르는 말.

양쥬(楊州)라 노던 싸히 구안면(舊顔面)이 다 피(避)ᄒᆞ고
청화현(淸化縣) 낫제 들어 쥬인(主人)도 됴타마ᄂᆞᆫ
힝ᄉᆡᆨ(行色)이 볼 딕 업서 간 곳마다 곤욕(困辱)이라
자고 새아 가고 가니 뒤길은 날날 머닉

귀양길의 어려움과 사회적 관심 확대

보리 비탈 사흘 비에 먼 길 가는 사람 옷 적시고
고산령 겨우 올라 서울 굽어보니
떠 있는 구름 가로막아 남북을 분간하지 못하네
양천사 찾아들어 생사를 기도하고
앞일을 점검하니 신세가 불운하구나
높은 벼슬 옛 친구야 사신 수레로 달린들
잘못 없는 초원객은 저조차 도피하네
말 못하는 강산의 달 이 경치에 눈을 둘까
낙민루 만세교를 꿈결에 지나가는구나
관남 관북 갈린 길을 단천으로 내어 놓고
청해영에 말을 쉬게 해 부령에서 유배 가는 이를 만나네
길주 명천 어디인가 천둥을 바라봄에 험하기도 하구나

원문

보리 비탈 삼일우(三日雨)에 정삼(征衫)25)을 다 적시고
고산녕(高山嶺) 계유 올나 경국(京國)을 굽어보니
부운(浮雲)이 폐식(蔽塞)ᄒ여 남북(南北)을 못 굴횔다

냥쳔스(梁泉寺) 츠자들어 스싱(死生)을 묵도(默禱)26)ᄒ고

젼졍(前定)27)을 졈검(點檢)ᄒ니 신셰(身世)도 곤익(困厄)28)ᄒ다

쳥운(靑雲)29) 샹(上) 녯 벗이야 스거(使車)30)로 돌녀신들

탈(頉)31) 업슨 초원긱(草原客)은 져는 조차 도피(逃避)ᄒ니

말 못ᄒ는 강산(江山)의 들 이 경쇡(景色)의 눈을 들가

낙민누(樂民樓) 만셰교(萬歲橋)를 숨결의 디나거다

관남 관북(關南關北) 갈닌 길흘 단쳔(端川)으로 내여 노코

쳥ᄒᆡ영(靑海營) 물을 쉬워 부녕(富寧) 젹ᄒᆡᆼ(謫行) 히후

---

25) 졍삼(征衫) : 정삼. 나그네 옷.
26) 묵도(默禱) : 눈을 감고 말없이 마음속으로 빎.
27) 젼졍(前定) : 전정. 앞으로 정해질 일.
28) 곤익(困厄) : 곤액. 몹시 딱하고 어려운 사정과 재앙이 겹친 불운.
29) 쳥운(靑雲) : 청운. 높은 지위나 벼슬을 비유해 이르는 말.
30) 스거(使車) : 사거. 사자(使者)가 타는 수레.
31) 탈(頉) : 뜻밖에 일어난 걱정할 만한 사고나 잘못.

(邂逅)ᄒ예

길쥬(吉州) 명쳔(明川) 어드메오 경뢰(瓊雷)32) 샹망(相望) 머도멀샤

---

32) 경뢰(瓊雷) : 경뢰(驚雷). 아주 심한 천둥.

귀양길에서 들은 비보와 유배지에 도착

안변에서 들은 참담하고 놀라운 소식 뜬소문이 꿈이었으면 하는구나

영남 지역에 동생도 가니 나뉘어 근심이 심하구나

누추한 곳 작은 길에 외로운 이내 몸 더욱 섧다

후치 매덕 인적 없는 곳을 굽이굽이 쉬어 넘어

능귀촌에서 더위잡아 호린역 돌아들어

백두산 곁에 두고 여진국 남은 터에

잎갈나무 숲을 헤쳐 내어 가시밭길을 열었으니

팔면부지 창문 하나 있는 비루한 곳과 동물이 사는 곳에 의탁하고

어린아이에게 편지 주어 본가(本家)에 돌아갈 때

집 방향은 한끝이라 이별의 마음 아득하다

원문

안변(安邊) 참보(慘報)33) 경통(驚通)34)ᄒ다 도쳥도셜(道廳道說)35) 쑴이과져

녕남극변(嶺南極邊) 제도 가늬36) 삼분오널(三分五裂)37)

수절(愁切)홀샤

　궁황졀막(窮荒絶漠)38) 일됴노(一条路)에 차신고혈(此身孤孑) 더옥 셟다

　후치(厚峙) 매덕(賣德) 무인지(無人地)룰 구뷔구뷔 쉬여 넘어

　능귀촌(能歸村) 더위잡아 호닌역(呼獜驛) 도라들어

　빅두산(白頭山) 겻히 두고 녀진국(女眞國) 남은 터히

　익가 수플 헤쳐 내여 형극(荊棘)을 열어시니

　팔면부지(八面不知) 일향창(一向傖)39)과 셔식(棲息)40)

33) 참보(慘報) : 참담한 소식.

34) 경통(驚通) : 놀라운 소식.

35) 도청도셜(道聽塗說) : 도청도설. 길에서 듣고 길에서 말한다는 뜻으로 길거리에 퍼져 돌아다니는 뜬소문을 이르는 말.

36) 졔도 가닉 : 해독이 어려운 부분으로 '졔도 가디'로도 보이나, 맥락상 '졔(弟)도 가닉'로 읽었다. 이광명의 사촌인 이광현(李匡顯)이 영남 기장으로 유배된 것을 뜻하는 듯하다. 장정수, 같은 글, 101면 참고.

37) 삼분오녈(三分五裂) : 삼분오열. 여러 갈래로 갈려 흩어짐.

38) 궁황졀막(窮荒絶漠) : 궁황절막. 곤궁하고 거칠고 단절되고 어두운 곳.

39) 일향창(一向傖) : 북향한 창이 있는 천한 곳.

을 의탁(依託)하고

척동(尺僮)을 편지 주어 친정(親庭)의 도라갈식
가향(家向)은 한ᄀ이라 인ᄌ니졍(人子離情)[41] 아득하다

---

40) 서식(棲息) : 서식. 동물이 깃들여 삶.
41) 인ᄌ니졍(人子離情) : 인자이정. 자식 된 도리에서 부모와 떨어져 지내야 하는 심정.

유배인의 처지와 고통스러운 삶 그리고 갈망

삭풍은 들이치고 네 산에 둘러싸인 골에
해묵은 얼음이요 초가을에 눈이 오네
백 가지 풀이 앞서 떨어지니 만곡이 될 사이 없네
귀리 보리밥 못 이으며 입쌀이야 구경할까
채소로도 굶주리거니 어육(魚肉)을 생각할까
가죽옷으로 여름 지내니 베옷으로 추위 막기 어찌할까
마니산 사곡 별건곤에 산해진미 어디 두고
교화가 미치지 못한 삼수갑산(三水甲山)으로 이름난 험한 곳에 백 가지 만물을 그리워하는가
가을 국화 떨어진 게 없는 곳에 굴원인들 저녁을 먹을까(생활할 수 있을까)
고죽 두견 못 들으니 백거이도 할 말 없네(시를 짓지 못할 것이네)
맺힌 시름 풀작시면 자신의 분수 안에서 곤궁함을 말할까
토산에 좋지 못한 술도 그나마 매매 없고
기생 풍류 많건마는 어느 경황에 거문고를 탈까
장평산 허천강에 유람에도 뜻이 없네

민속이 후하다 하되 웃더라도 아니 온다

봇 덮고 흙 인 방에 두문불출(杜門不出)하고 홀로 있어

파리 모기는 창을 가리고 벼룩과 굼벵이는 벽에 가득한데

앉은 곳에 해 떨어지고 누운 자리 밤을 새워

잠든 밖에 한숨이요 한숨 끝에 눈물일세

원문

삭풍(朔風)은 들어치고 ᄉ산(四山)은 욱인 골이

희묵은 얼음이오 조츄(早秋)의 눈이 오뉘

빅 초(百草)가 션녕(先零)커든 만곡(萬穀)이 될 셰 업뉘

귀보리밥 못 니오며 니쑬이아 구경ᄒ가

소치(蔬菜)도 주리거니 어육(魚肉)을 싱각ᄒ가

가족옷 과하(過夏)ᄒ니 포피(布被)로 어한(禦寒) 엇지

마니사곡(摩尼沙谷)42) 별건곤(別乾坤)에 산진희착(山珍海錯)43) 어딕 두고

---

42) 마니사곡(摩尼沙谷) : 상서로운 곳.

43) 산진희착(山珍海錯) : 산진해착. 산해진미. 산과 바다에서 나는

화외(化外)⁴⁴⁾ 삼갑(三甲)⁴⁵⁾ 호(號)난 악지(惡地) 빅 동 만물(百種萬物) 그리는고

츄국낙영(秋菊落英)⁴⁶⁾ 업슨 곳에 녕균(靈均)인들 셕찬(夕餐) 홀가⁴⁷⁾

고죽두견(菰竹杜鵑)⁴⁸⁾ 못 들으니 낙텬(樂天)⁴⁹⁾이도 홀

온갖 진귀한 물건으로 차린 맛이 좋은 음식.

44) 화외(化外) : 부처의 교화가 미치지 못하는 곳. 또는 봉건적 관념에서 임금의 교화가 미치지 못하는 곳.

45) 삼갑(三甲) : 삼수갑산(三水甲山). 함경남도의 지명으로 험난하고 접근하기 어려운 곳을 비유한다.

46) 츄국낙영(秋菊落英) : 추국낙영. 가을 국화 떨어진 꽃잎.

47) 녕균(靈均)인들 셕찬(夕餐) 홀가 : '영균'은 굴원(屈原)의 자다. 《초사》, "저녁엔 가을 국화의 진 꽃잎을 먹는다(夕餐秋菊之落英)".

48) 고죽두견(菰竹杜鵑) : 고죽두견. 백거이(白居易)가 사회를 비판하는 시 때문에 고급 관료들의 반감을 사서 구강(九江)의 사마(司馬)로 좌천되었을 때, 인생에 대한 회의와 문학에 대한 반성을 담은 시 〈비파행(琵琶行)〉(816)의 구절에서 따온 표현이다. 해당하는 구절은 다음과 같다. "사는 곳이 분강 땅이라 땅이 낮고 습해(住近湓江地低濕, 주근분강지저습)/ 갈대와 대나무만이 집 둘레에 우거져 있네(黃蘆苦竹遶宅生, 황로고죽요택생)/ 이러한 속에서 아침저녁으로 무엇을 듣겠는가(其間旦暮聞何物, 기간단모문하물)/ 두견새 울음 피를 토하고 원숭이 슬프게 울어 댄다(杜鵑啼血猿哀鳴, 두견제혈원애명)."

말 업닉

  미친 실음 플쟉시면 분닉곤고(分內困苦) 헌ᄉᆞ홀가

  토산(土産)의 박박쥬(薄薄酒)도 긔나 마나 미매(買賣) 업고

  기악(妓樂)은 하것마ᄂᆞᆫ 어닉 경(景)에 금가(琴歌)홀가

  댱평산(長平山) 허쳔강(虛川江)에 유남(遊覽)에도 뜻이 업닉

  민풍(民風)도 후(厚)타 ᄒᆞ되 웃더라도50) 아니 온다

  봇51) 덥고 흙 닌 방에 두문(杜門)52)ᄒᆞ고 홀노 이셔

---

49) 낙텬(樂天) : 낙천은 백거이의 자(字)다.

50) 웃더라도 : 해독이 어려운 부분으로 '웃거라도'로 보여 위와 같이 해석했다. 참고로 장정수는 '이웃도'로 풀었다. 장정수, 같은 글, 102면 참조.

51) 봇 : 자작나무 껍질.

52) 두문(杜門) : 두문불출(杜門不出). 집 안에만 있고 바깥 세상에 나가지 않는다는 말. 고려가 멸망하고 조선조 태조(太祖)가 개국(1932. 7)하자 고려의 유신(遺臣) 신규(申珪), 신혼(申琿), 신우(申瑀), 조의선(曺義先), 임선미(林先味), 이경(李瓊), 맹호성(孟好誠), 고천상(高天祥), 서중보(徐中輔), 성사제(成思齊), 박문수(朴文壽), 민안부(閔安富), 김충한(金忠漢), 이의(李倚) 등 72인의 충신들이 새 왕조인 조선을 섬기지 않고, 개성 동남방의 부조현(不朝峴)에서 조복(朝服)을 벗어 걸어 놓고 헌 갓으로 바꿔 쓰고 경기도 개풍군 광덕

승예(蠅蚋)53)는 폐창(蔽窓)54)호고 조갈(蚤蝎)55)은 만벽(滿壁)56)흔듸

안즌 곳의 히 디우고 누은 자리 밤을 새와

줌든 밧긔 한숨이오 한숨 끗히 눈물 일식

면 광덕산 서쪽 기슭에 위치한 두문동(杜門洞)으로 들어갔다.

53) 승예(蠅蚋) : 파리와 모기.
54) 폐창(蔽窓) : 창을 가리다.
55) 조갈(蚤蝎) : 벼룩과 구더기 또는 빈대.
56) 만벽(滿壁) : 벽에 가득함.

어머니에 대한 그리움과 의지의 좌절

밤마다 꿈에 뵈니 꿈을 둘러 평상시처럼 했으면
어머님 얼굴 못 보거든 소식이라도 자주 온다면
기다린들 종이 올까 오노라면 한 달이 넘네
못 본 때는 소식을 기다리나 [소식을] 보면 시원할까
노친 소식 내 모를 제 내 소식 노친 알까
천산만수 막힌 길에 괴로운 모든 생각 누가 생각할까
묻노라 밝은 달아 두 곳에 비추는가
따르고자 뜨는 구름 남천으로 가는구나
흐르는 내가 되어 집 앞에 둘렀으면
나는 듯 새나 되어 창 앞에 가 놀았으면
내 마음 생각하니 어머니의 마음 일러 무엇 할꼬
여의주 잃은 용이요 키 없는 배 아닌가
추풍에 낙엽같이 어디에 가 머무를꼬
집안은 파산하고 친척은 숨었으니
도로에 방황한들 할 곳이 전혀 없네
어느 때에 주무시며 무엇을 잡숫는고
[내가 어머니의] 옷과 신발 살폈더니 어느 자손이 대신 할까

나 아니면 누가 모시며 어머니밖에 누가 날 사랑할꼬

원문

밤밤마다 쑴의 뵈니 쑴을 둘러 샹시(常時)과져

학발주안(鶴髮慈顔)57) 못 보거든 안족셔신(雁足書信)58) 주즐염은

기드린들 둉이 올가 오노라면 둘이 넘닉

못 본 제는 기다리나 보니는 싀훤홀가

노친(老親) 쇼식(消息) 나 모롤 제 내 쇼식(消息) 노친(老親) 알가

쳔산만슈(千山萬水) 막힌 길히 일반(一般) 고스(苦思)59) 뉘 혜울고

문노라 붉은 둘아 냥지(兩地)의 비최거뇨

쓰로고져 쓰는 구롬 남텬(南天)으로 둣는고야

---

57) 학발주안(鶴髮慈顔) : 학발자안. 흰머리를 한 자애로운 어머니 얼굴.
58) 안족셔신(雁足書信) : 안족서신. 기러기 발에 매달아 보낸 서신.
59) 일반(一般) 고스(苦思) : 일반 고사. 모든 고통.

흐르는 내히 되여 집 압히 둘넛고져

ᄂᆞ는 둣 새나 되여 창젼(窓前)의 가 노닐고져

내 ᄆᆞ음 혜여ᄒᆞ니 노친(老親) 졍ᄉᆞ(情思) 닐너 무슴

여의(如意) 일흔 농(龍)이오 치(鴟) 업슨 븨 아닌가

츄풍(秋風)의 낙엽(落葉)ᄀᆞ히 어드메 가 지박(止泊)60)홀고

졔틱(第宅)61)도 파산(破散)ᄒᆞ고 친쇽(親屬)은 분찬(分竄)62)ᄒᆞ니

도노(道路)의 방황(彷徨)혼들 할 곳이 젼혀 업닉

어ᄂᆞ 째예 즘으시며 무스 거슬 잡숩ᄂᆞᆫ고

일졈(一點) ᄋᆞ리(衣履)63) 숣히더니 어ᄂᆞ ᄌᆞ손 딕신(代身)홀고

나 아니면 뉘 뫼시며 ᄌᆞ모(慈母)밧긔 날 뉘 괼고

---

60) 지박(止泊) : 머무르다.

61) 졔틱(第宅) : 제택. 살림집과 정자를 통틀어 이르는 말.

62) 분찬(分竄) : 흩어지고 숨음.

63) 일졈(一點) ᄋᆞ리(衣履) : 일점 의리. 한 벌의 옷과 한 켤레의 신발. 원문에 병기하지 않았다.

희미한 희망, 효친과 연군

남에게 없는 모자간의 정 잠시라도 떨어지지 못하더니
조물주를 움직였던가 이토록 떼어 놓았는가
말년에 몸을 숨기는 것이 덜했던가 옛날의 재앙이 다 못 끼쳤는가
하늘의 운명인가 집안의 운명인가 누구의 탓이라 원망할꼬
가묘 배알 폐한 지 오래고 조상의 묘 지킬 길이 없네
사시 좋은 시절 다 보내고 기일이 돌아올 제
제례를 못한 일 내 생애에 처음이라
멀리 있는 외로운 몸 던져두고 모친 마음 오죽할까
마지못해 인륜을 못 지켰거든 형제나 두었든가
형제가 없으면 자식이나 이었든가
독신에 후사가 없어 모실 이나 의탁할 데 없이
무한한 애만 써 불효도 막대하다
자탄 신세 하릴없어 차라리 잊자 하되
한(恨)을 새긴 솟은 정이 끝마다 절로 나니
긴긴 낮 깊은 밤에 천 리의 그리움 한결같아
하루도 열두 때요 한 달도 서른 날에

날 보내고 달 지내어 벌써 거의 반년일세

이렇게 회포(懷抱)하면 사나 마나 무엇 할꼬

고통과 즐거움이 순환하니 어느 날에 돌아갈꼬

하늘에서 닭이 울어 내면(해배 명령이 내리면) 웃음 웃고 이 말 하리

아마도 우리 성군 효의 가르침 아래 내년 봄 은혜가 미치소서.

원문

늙의 업슨 모ᄌ 졍니(母子情理) 슈유샹니(須留相離)[64] 못ᄒ더니

조물(造物)을 뮈이건가 이대도록 쎄쳐 온고

말노장신(末路藏身)[65] 덜ᄒ던가 셕일건앙(昔日愆殃)[66] 못 씨칠다

텬명(天命)인가 가운(家運)인가 뉘 탓시라 원망(怨望)ᄒᆯ

---

64) 슈유샹니(須留相離) : 수유상리. 잠시라도 서로 떨어지다.
65) 말노장신(末路藏身) : 말로장신. 일생 말년에 몸을 숨기는 것.
66) 셕일건앙(昔日愆殃) : 석일건앙. 옛날의 허물과 재앙.

고

　　가묘신알(家廟晨謁)67) 구폐(久廢)68)ᄒ고 구목슈호(丘木守護)69)홀 길 업ᄂᆡ

　　사시(四時) 가절(佳節) 다 보내고 상여긔신(喪餘忌辰)70) 도라올 졔

　　분향젼쟉(焚香奠酌)71) 못ᄒ올 일 싱ᄂᆡ(生內)예 처음이라

　　텬애(天涯)72) 고혼(孤恨) 더져두고 친변경샹(親邊景像) 오죽ᄒᆞᆯ가

　　마지 말아 륜낙(淪落)73)거든 형뎨(兄弟)나 두도던가

67) 가묘신알(家廟晨謁) : 가묘를 찾아 배알하는 일.

68) 구폐(久廢) : 폐한 지 오래다.

69) 구목슈호(丘木守護) : 구목수호. 구목은 무덤의 풍치를 위해 무덤가에 가꾼 나무로 구목을 지키는 일은 조상의 묘를 살피고 지키는 일을 말한다.

70) 상여긔신(喪餘忌辰) : 상여기신. 상여는 상사(喪事)에 남음이 있다는 뜻으로 이전부터 준비하는 것이며, 기신은 기일이다. 따라서 기일 이전부터 충분히 준비하는 것을 말한다.

71) 분향젼쟉(焚香奠酌) : 분향전작. 향불을 붙이고 잔을 올리는 것.

72) 텬애(天涯) : 천애. 하늘의 끝. 까마득하게 멀리 떨어져 있는 곳을 비유적으로 이르는 말.

73) 륜낙(淪落) : 윤락. 인륜을 지키지 못함.

형뎨(兄弟)가 종션(終鮮)74)커든 ᄌ성(子姓)이나 니윗던가

독신(獨身)이 무후(無後)ᄒ여 시측(侍側)75)에 의탁(依托) 업시

무흔(無限)흔 애만 뛰워 불효(不孝)도 막대(莫大)ᄒ다

ᄌ탄신셰(自歎身世) 홀일업서 출알오 닛쟈ᄒ되

한을 삼긴 소손 졍이 벗벗마다 졀노 나니

긴긴 낫 깁흔 밤의 쳔니샹ᄉ(千里相思) 훈글ᄀᆺ히

ᄒᆞ르도 열두 쌔오 혼 들도 셜흔 날에

날 보내고 들 디내여 ᄒ마 거의 반년(半年)일시

일어구러 히포되면 사나 마나 무엇 ᄒᆞ고

고낙(苦樂)이 슌환(循環)ᄒ니 어늬 날에 도라갈고

텬샹금계(天上金鷄) 울어 네면 우슴 웃고 이 말 ᄒᆞ리

아마도 우리 셩군(聖君) 효니하(孝理下)의 명츈(明春) 은경(恩慶)76) 미츠쇼셔.

---

74) 종션(終鮮) : 종선. 아주 드물거나 없음.
75) 시측(侍側) : 곁에 있으면서 웃어른을 모심.
76) 은경(恩慶) : 은혜와 경사.

시조 세 편

청천에

청천에 높은 달아 마니산 광경 보았느냐
대해 풍랑에 지향 없이 홀로 서서
남극에 별 하나 밝은데 사시장춘 하더이다.

원문

청텬(青天)의 놉흔 둘아 마니(摩尼) 광경(光景) 보앗는다
대히(大海) 풍낭(風浪)에 지향(指向) 업시 홀노 셔셔
남극(南極)에 일셩명(一星明)흔듸 스시댱츈(四時長春)[77] 흐더이다.

작품 해설

이 작품은 이광명이 유배를 당한 해인 1755년에 지은 것으로, 초장에서 높이 뜬 달에게 모친이 있는 강화[마니광경(摩尼光景)]를 보았느냐고 한다. 그리고 자신은 큰 바

---

77) 스시댱츈(四時長春) : 사시장춘. 늘 봄과 같음.

다에서 방향을 잃은 처지에 놓여 있다고 한다. 이런 상황에서 화자는 남쪽에 뜬 별을 바라보고 장수를 기원하고 있다. 달을 매개로 고통받는 화자와 모친을 연결하고, 이를 해결할 수 있는 별에 송축을 바라고 있다. 극북에 놓인 화자가 동경하던 곳은 남쪽의 강화, 경화다. 강화에는 모친이, 경화에는 임금이 있다. 보다 궁극적인 지향점은 경화의 군주라 할 수 있겠다. 일성(一星)이 이미 밝았다[명(明)]는 전제를 두고, 늘 무병장수하기를 바란다. 군주에 대한 장수 기원은 신체적 장수뿐만 아니라 정치적 건강함을 함께 염원하는 것이다. 화자의 이와 같은 바람은 작게는 자신과 모친의 고통을 제거하는 것이요, 크게는 국가의 튼튼한 미래를 기원하는 것이다.

놀기 좋은

놀기 좋은 허천강에 보기 좋은 장평산아
선지 숙연을 잊은즉 하랴마는
경국을 떠난 지 오래니 갈 길 바빠 하노라.

원문

놀기 됴흔 허쳔강(虛川江)78)아 보기 됴흔 댱평산(長平山)79)아

션지(善地) 슉연(宿緣)80)을 니졈즉 ᄒ랴마는

경국(京國)을 써난 지 오라니 갈 길 밧바 ᄒ노라.

---

78) 허천강(虛川江) : 허천강. 함경남도 풍산군에서 시작해 개마고원을 지나 압록강으로 흘러드는 강.
79) 댱평산(長坪山) : 장평산. 함경남도 갑산군에 있는 산.
80) 슉연(宿緣) : 숙연. 지난 세상에서 맺은 인연.

작품 해설

　이 작품은 이광명이 유배당한 다음 해인 1756년에 지은 것으로, 허천강과 장평산은 유람하기에 좋은 곳이라 하면서 자신이 머물고 있는 선지와 숙연을 잊을 수 있게 한다고 말한다. 사실 유배지를 선지니 숙연이라 하는 것은 어찌할 수 없는 상황에 대한 자위(自慰)이며, 이를 일시에 벗어난다고 하더라도 근본적인 해결책은 될 수 없는 것이다. 이는 앞서 말한 시름을 본질적으로 극복할 수 없는 것과도 같은 궤를 이룬다. 이런 화자에게 유일한 탈출구는 '경국(京國)'으로의 진출이다. 경국을 떠나 해곡으로 숨었지만 마음이 있던 곳이고, 해곡에서 갑산으로 왔지만 여전히 갈망하던 그곳이 아니었던가? 이에 화자의 마음은 바쁘기만 하다. 다시 그곳에 가기 위해서는 이곳에서 취락과 유람 대신 인내와 수양이 먼저인 것으로 시름을 잊을 수 있는 자신만의 길인 셈이다.

하늘 땅

하늘땅 생긴 후에 삼수갑산(三水甲山) 척박하다
풍상을 겪어 보니 세상과 다른 곳인 듯
두어라 이 또한 임금 영토이니 성은(聖恩)을 내리실까 하노라.

원문

한을짜 삼긴 후의 삼슈갑산 막암일다
풍상을 격거ᄒ니 셰샹인 동 만 동 ᄒ예
두어라 막비왕퇴81)니 셩감82)이 비최실가 ᄒ노라.

작품 해설

이 작품은 이광명이 유배된 지 7년 뒤에 지은 것으로, 해배에 대한 열망을 그대로 보여 주고 있다. 초장에서 화

---

81) 막비왕퇴(莫非王土) : 막비왕토. 임금 땅이 아닌 곳이 없음.
82) 성감(聖感) : 성감. 임금의 감화.

자는 천지가 개벽한 후 삼수와 갑산이 살기에 가장 마지막 땅이라 한다. 그러한 이유는 풍상을 겪어 보니 일반 세속에서의 삶과 다르기 때문이다. 그리고 종장에서는 이곳 또한 임금의 땅이니[막비왕토(莫非王土)] 성은을 내릴 것이라 여전히 기대한다. 예전에 운명의 순환에 의지한 것에 비해 지금은 인군의 구체적 영토를 근거로 소망을 바란다. 삼수갑산이 비록 변방이지만 군주의 영토이듯이 비록 유배객이지만 자신 역시 군주의 신하라는 점을 내세우며 임금의 분별 있는 안목[성감(聖鑑)]을 기대하고 있는 것이다. 이처럼 화자는 임금의 '효치(孝治)'에 기대어 자신의 소망을 이루어지기를 바라고 있다.

이주풍속통(夷州風俗通)

이 작품은 이광명이 유배지인 갑산에서 1756년 3월 16일경 지은 것으로, 이 지방의 지리, 풍속 등을 기록한 풍속기라 할 수 있다. '이주(夷州)'는 갑산의 별칭이며, '풍속통(風俗通)'은 중국 동한 응소(應劭)가 지은 《풍속통》에서 유래한 것으로 사회 풍속, 장례, 제사, 전설, 역사, 지리 등을 기록한 것을 뜻한다. '풍'은 인간 이전의 자연환경을, '속'은 인간에 의해 이루어진 문화 일체를 가리킨다고 할 수 있다. 풍속기의 전통은 동아시아에 전승되었고 본 작품 또한 이러한 전통에 놓여 있다고 볼 수 있다.

　갑산은 백두산을 가까이 두고 압록강과 두만강의 기원이 되나, 조선 시대 유배지 가운데 원악지(遠惡地)로 불리던 곳이기도 하다. 갑산은 고구려, 발해 시대에는 우리 영토였으나 이후 여진족의 주거지였다가 고려 공양왕 1년(1389) 우리의 주군으로 편입해 갑주만호(甲州萬戶)를 두었으며, 그 후 조선 세종 19년(1437)부터 도호부사(都護府使)를 파견한 중요한 변지(邊地)였다.

　이 작품에서 다루고 있는 내용은 매우 다양하다. 갑산의 지세, 산천, 기후부터 농사, 토산, 교역, 주거, 음식, 의복은 물론 토속, 예절, 인심, 신앙, 자녀 생산 등을 담고 있어 일종의 인문 지리적 성격을 보이고 있다. 전체적인 내용은 원악지로 들었던 갑산을 실제 찾아가 그곳에서 주인을 만난 것에서부터 앞서의 풍속을 서술하고 말미에서는 이곳의 교화와 방비책을 제언하는 것으로 끝을 맺고 있다.

이 작품은 한글 산문으로 기록된 풍속기라는 점, 함경도 방언을 적극적으로 구사하고 있는 점, 함경도 갑산의 생활 현장과 지역민의 정서를 생생하게 표현하고 있는 점 그리고 갑산 지역 인민들과 그들의 삶에 대한 깊은 관심과 너그러운 시선 등을 담고 있는 점 등에서 그 의의를 들 수 있다.

이광명이 본 작품을 창작한 것은 본인이 살던 강화도와 다른 점을 기록해 두고 왕조의 교화가 미치지 못한 낙후된 곳이라는 점을 부각하려 했던 것으로 보인다. 그리고 유배 기간 동안 자신을 객관화하고 이곳과 거리를 두려 했던 의도가 있었다고 할 수 있다. 부기를 보면, 적소(謫所)의 곤궁함을 잊지 않고 이곳의 문화 문물이 서울·경기와 격차가 있으니 갑산 인민의 교화와 변방의 방비를 염원하고 있다는 점에서 이를 알 수 있다. 결국 이광명은 이 작품을 통해 이곳의 사정과 본인의 의지가 전파되기를 바랐기 때문에 이 작품은 〈북찬가〉와 짝을 이룬다고 할 수 있다.

갑산의 풍속을 적다

이곳 방언(사투리)으로 지으니 도리어 말이 순조롭지 못하다.
청점(青點)은 늘임 소리, 홍점(紅點)은 된소리다.

원문
이쥬83)풍쇽통(夷州風俗通)
이곳 스토리로뻐 디으니 도로혀 말이 슌치 못ᄒ다 쳥졈은 늘임 소리 홍졈84)은 된소리라

뜻풀이
이곳 사투리로 적으니 더욱이 말이 조화롭지 못하다. 푸른 점 표시는 긴소리요, 붉은 점 표시는 된소리다.

---

83) 이쥬(夷州) : 이주. 함경남도 갑산(甲山).
84) 홍점 : 붉은 점은 감탄 및 강조하는 상황에서, 붉은색 표시 및 글자는 수정·삽입할 때 나타난다. 홍점은 'ˇ'으로 표시했다.

갑산에 도착

 무엇인가 세상에 태어나니, 아이 적에 들으니 함경도(咸鏡道) 삼갑(三甲)이란 고을은 8도(道) 중 마지막 원악지(遠惡地)고 옛 여진(女眞)의 땅으로 '사람이 미우면 삼갑으로 보내리라' 하고 맹세에 올리는 말을 듣고, 이리 와서 보리라고는 꿈에도 없더니. 삼수(三水)는 작은 갑산이라 하고, 갑산은 큰 갑산이라 해서, 엊그제 나라에서 삼천리(三千里)나 떨어진 곳에 안치(安置)하라 보내시매, 섣달 그믐날에 떠나 잽싼 말 못 얻고 북심이도 아니 타고 고을고을 들러 귀밀 짚에 여물 못 얻어먹던 여윈 새마(塞馬)를 떼어 가지고 먼 참(站)을 쉬어 가득가득 몰아도 전전긍긍히 험한 고개를 채 오지도 못하여 이리로 저리로 오다가 새달 스무이튿날에야 역두(驛頭)로 와서, 장작 많이 가린 집이 의젓하다는 말 듣고 남문(南門) 들이달려 누구의 집인지 내리니, 박 좌수(座首)라 칭하는 노첨지가 부뚜막 근처에서 이르되, "어디에서 오시었소? 오죽하여 마지막 땅[변방(邊方)]에 오시었소? 어서 오시오. 올라오시오" 하고, 주인아주머니는 마을 아주머니와 더불어 베[布]를 날다가 거두어 가지고 들어가고, 이 집 내금위(아들)는 바깥방의 귀룽나무 오리를 결어 만든 삿자리 위에 새 돗자리를 펴고 창 발라 들여앉히며, 그 아우는 바가지 가지고 광으로 들어가 귀보리쌀 좁쌀 가져다가 부엌 바닥에 내려 정지방 오른쪽에 걸린 솥과 그 옆 솥 씻어 이것저것 뒤져 화덕에 반찬 구워 부엌에 있는 것들을 내어 친척 대하듯 하니, 인심들이 후함도 후하고 소문보다는 낫더라.

노주인(老主人)이 내 정경(情景)을 듣고 아! 소리 하여 탄식해 말하기를, "유액(有厄 : 액운)으로 [이곳에] 왔으나 이 집에 오기 다행이오. 흉년이라도 갑산 사람 다 죽게 되면 모르거니와 반만 죽게 된다 해도 생원(生員) 하나 굶기지는 아니 할 것이니 걱정 말고 주객(主客)이 연고(緣故) 없이 있다가 돌아갈 날 있으면 하루 내내라도 차려 주마" 하고, 대접이 한결같으니 실로 고맙기 금세상(今世上) 사람이 아니요, 이것이 다 천은(天恩)으로 도와 계시더라.

원문

무어시니 난이 아흰 제 들으니 황경도[85] 삼갑이란 ᄀᆞᆯ

---

85) 황경도 : 함경도의 오기로 보인다.

은 팔도 듕 무즈막 원악지오 녯 녀진의 짜흐로 사름이 믜우
면 삼갑을 보내니라 ᄒᆞ고 밍셰예 올니거늘 듯고 이리 와 보
기ᄂᆞᆫ 쑴의도 업더니 삼슈ᄂᆞᆫ 젹은 갑산이라 ᄒᆞ고 갑산은 큰
갑산이라 ᄒᆞ여 억그제 ᄂᆞ라에히 류삼쳔 니 안치ᄅᆞᆯ 보내시매
져녁 ᄃᆞᆯ86) 금음의 ᄡᅥ나 재온 믈 모87) 엇고 븍심88)이도 아니
트고 ᄀᆞᄋᆞᆯᄀᆞᄋᆞᆯ 들어 귀밀89) 집90)헤 염을 모 어더먹던 엽원
새마91)ᄅᆞᆯ 쎼혀 가이고 먼 참92)을 쇠아 가둑가둑93) 모라도 젼
젼94) 험흔 고개ᄅᆞᆯ 치 오지 못ᄒᆞ여 일널노셔 절널노셔95) 오다
가 날ᄃᆞᆯ96) 슴이이튼날이야 역두로 와셔 토복97) 만히 갈인 집

---

86) 져녁 ᄃᆞᆯ : 섣달.
87) 모 : 부정 부사 '못'의 함경 방언.
88) 븍심 : 북심(北心). 유배 길에 올라 북녘을 향하는 자신의 마음을 뜻하는 것으로 보인다.
89) 귀밀 : 귀리의 함경 방언.
90) 집 : 짚.
91) 새마(塞馬) : 변방의 말.
92) 참(站) : 역참(驛站).
93) 가둑가둑 : 몸을 이리저리 움직이며 애쓰는 모양.
94) 젼젼 : 전전(戰戰). 전전긍긍(戰戰兢兢).
95) 일널노셔 졀널노셔 : 이리로 저리로.

이 으졋단 말 듯고 남문 들이들아 누여 집인동 늘이니 박 좌
슈 칭운ㅎ는 노쳠지 가맛부터98) 늙으되 어들너로셔 오옵쎼
오죡ㅎ여 막암 ᄯᅡ99)히 오올쇠 어셔오오 올나 오옵시 ㅎ고 쥬
인 아마니ᄂᆞᆫ ᄆᆞ슬100) 어미네 어블어 빈101) ᄂᆞ다가 서리어 가
이고 들어가고102) 이 집 닉금위103)ᄂᆞᆫ 밧방의 구룸삿104) 우희
새 돗 펴고 창 볼나 들여안치며 그 아기105)ᄂᆞᆫ 모래박106) 가이
고 숙간107)으로 들어가 귀보니뿔108) 조뿔 가여다가 부역쎄

96) 날돌 : 날달[日月]. '날과 달이 지나서' 또는 '새달'.

97) 토목(吐木) : 장작이나 땔감.

98) 가맛부터 : 가마목. 가마솥이 걸려 있는 부뚜막이나 그 둘레.

99) 막암 ᄯᅡ : 마감 땅. 국토의 막다른 변경.

100) ᄆᆞ슬 : 마을.

101) 빈 : 베[布].

102) ᄆᆞ슬 어미네 어블어 빈 ᄂᆞ다가 서리어 가이고 들어가고 : 마을
아낙네들이 모여 베실을 날다가 손님이 오자 하던 일을 멈추고 일
감을 거두어 들어가고.

103) 닉금위 : 내금위(內禁衛). 임금을 호위하던 군대를 뜻하나 여기
서는 집주인의 아들을 가리킨다.

104) 구룸삿 : 귀롱나무의 나무오리를 결어 만든 삿자리.

105) 아기 : 아우.

106) 모래박 : 피나무나 버드나무로 만든 바가지.

바당109)의 늘여 춧녁 감아110) 녑 감아111) 씨어 둥자질ᄒ
며112) 둥듸113)예 반찬 굽어 졍듀114)의 잡은것115)들 내여 결
게116) 딕ᄒ듯 ᄒ니 인심들 후홈도 후ᄒ고 소문의셔는 낫더
라

  노쥬인이 내 졍경 듯고 아˘ 소릭 ᄒ여 탄식ᄒ여 닐으되
유읶117)ᄒ여 와시나 이 집의 오기 다힝ᄒ올쇠 흉년이라도
갑산 사롬이 다 죽게 되면 모ᄅ거니와 반만 죽게 되여셔야

---

107) 숙간 : 세간이나 식량을 보관해 두는 간. 광.

108) 귀보니빨 : 귀보리쌀. 귀보리를 찧은 쌀.

109) 바당 : 집채 안으로 들어가면 밟게 되며 부엌으로 이어지는 공간.

110) 춧녁 감아 : 채녁 가마 : 채녁은 정지방 오른쪽 공간으로 채녁 가마는 그곳에 걸린 솥을 뜻한다.

111) 녑 감아 : 옆 가마. 부뚜막에 걸린 두 솥 중 왼쪽에 걸린 솥.

112) 둥자질ᄒ며 : '둥자질하다'는 이곳저곳 분주히 오가며 찾는다는 뜻이다.

113) 둥듸 : 정지방과 바당 사이에 흙으로 쌓아 만든 화독.

114) 졍듀 : 정주(鼎廚). 정지. 음식을 조리하고 상을 차리는 공간.

115) 잡은것 : 자분거. 손으로 다루어서 쓰는 도구.

116) 결게 : 겨레[親族].

117) 유읶 : 유액(幽厄). 몸이 갇혀 있는 액운.

싱원 호나 굼기든 아닐 거시니 걱정 말고 쥬긱이 연고 업시 잇다가 도라갈 날 이시면 호르 니라도 출혀 주마 호고 디졉이 흔걸굿호니 실노 고맙기 금셰샹 사름이 아니오 이거시 다 텬은으로 도아 계시더라

뜻풀이

 어떻게 된 일인지 세상에 태어나서, 어릴 적에 들은 함경도 삼갑이란 고을은 조선 팔도 가운데 가장 멀리 떨어져 살기 어려운 곳이고 옛 여진족 땅으로 '사람이 미우면 삼갑으로 보내리라' 하는 말을 들었는데, 이렇게 와서 보리라고는 꿈에도 생각하지 못했다. 삼수는 작은 갑산이라 하고, 갑산은 큰 갑산이라 해서, 엊그제 나라에서 삼천 리나 떨어진 곳에 유배형에 처해 보내시니, 섣달 그믐날에 떠나 빨리 달리는 말을 얻지 못하고 고을마다 귀리 짚에 여물 못 얻어먹던 마른 변방의 말을 떼어 가지고 먼 역참을 쉬어 가며 세차게 몰아도 전전긍긍히 험한 고개를 채오지도 못하여 이리로 저리로 오다가 새달 스무이튿날에야 역전에 와서, 장작 많이 쌓아 올린 집이 점잖다는 말을 듣고 남문으로 들이달려 누구의 집인지 내리니, 박 좌수라 칭하는 노첨지가 부뚜막 근처에서, "어디에서 오시었소? 오죽하여 변방에 오시었소? 어서 오시오. 올라오시오" 하

고, 주인아주머니는 마을 아주머니와 더불어 베실을 길게 늘이다가 거두어 가지고 들어가고, 이 집 아들은 바깥방의 귀룽나무 긴 조각을 엮어 만든 자리 위에 새 돗자리를 펴고 창 발라 들여앉히며, 그 아우는 바가지 가지고 광으로 들어가 귀보리쌀 좁쌀 가져다가 부엌 바닥에 내려 정지방 오른쪽에 걸린 솥과 그 옆 솥을 씻어 이것저것 뒤져 화덕에 반찬을 만들어 부엌에 있는 것들을 내어 친척 대하듯 하니, 인심이 후한 것이 소문보다는 낫더라.

  노주인이 내 처지를 듣고 아! 소리 하여 탄식해 말하기를, "액운으로 이곳에 왔으나 이 집에 오기 다행이오. 흉년이 들더라도 갑산 사람 다 죽게 되면 모르겠거니와 반만 죽게 된다 해도 그대는 굶지 않을 것이니 걱정 말고 나와 그대가 인연 없이 있다가 돌아갈 날이 되면 하루 내내라도 차려 주마" 하고, 대접이 한결같으니 실로 고맙기가 지금의 세상 사람이 아니요, 이것이 모두 하늘의 도움이 있어서이다.

갑산의 물산과 식생활

여름을 지내니 빨래를 해 주되 물이 좋아 유별히 희고, 풀은 없어서 절구도 물때가 없는 데서 목말(메밀가루)을 방아에 찧어 풀을 먹였으니 입을 만하더라.

조석(朝夕)에는 잡곡밥이라도 각곡(各穀)을 나무 시루에 쪄 물밥을 하되, 매우 덞어 지었으니 [그 밥이] 입에 익은 후에는 이밥 생각은 없고, 때때로 얻어먹는 음식은 국수가 유명하고, 피죽을 삭혀 곤 엿이 좋고 찰기장 밥풀 붙인 산자와 조청, 약과에 귀밀 송편과 도래떡 조시루떡, 조 인절미를 고물에 묻혀 먹을 만해 [인절미처럼] 만들지 않고 팥이나 들깨 소금이나 딴 그릇에 놓아 묻혀 먹게 하고 목말을 수비(水飛 : 정갈히)해 노구솥에 기름 쓰고 점병(粘餠) 부치듯 해서 접어 놓고 이름을 수병(水餠)이라 하니 먹으면 선득선득해 서울에 없는 것이더라. 기장 감주(甘酒)가 빚은 탁주(濁酒)요, 맛은 서울 감주보다 덜 달아 좋되 취하지 않더라. 소주(燒酒)는 소산(所産)이로되 기장쌀과 4, 5되나 되는 쥐엄누룩으로 귀 없는 고리에 철 받쳐 가마에 부어 그 속에 그릇 받쳐 보지 아니하고 받되 물 붓는 수(數)를 산(算) 잡아 한 말에 너덧 되씩 나니 소위 소

경주(燒硬酒)라 후주(後酒) 맛 같아서 거북하되 두 번 고게 되면 낫고 서울 누룩은 가마 눌어 못 곤다고 하더라.

방축(防築)에 부어(鮒魚 : 붕어) 있다 하되 흙내 난다 하고 잡아먹을 줄 모르고 타천(打川)하여 자치, 연묵, 울억이(뱅어), 잔 물고기를 혹 얻어 보고, 바다가 없는 곳에 숭어 같은 큰 고기라 이르오리. 참게, 송사리, 보리새우, 남상이, 자라까지 없고, 노루, 사슴, 산돼지는 흔하되 은(銀)으로 팔고 무명을 필(疋)로 달라 하고, 생치(生雉 : 날꿩), 닭은 여러 마리를 모아 필로 달라 하고, 개 하나에 크나 작으나 무명 열두 자를 똑 달라 하니, 흥정이 목셀(억셀) 뿐 아니라 곡식 못 얻어먹은 짐승들이라 맛이 없더라.

그나마 백주(白晝)에 닭, 개는 다 잡아가니 칠 의사(意思) 없고, 집 주변에 들어가니 장하(長夏)에 부르쌈과 파, 생채(生菜), 된장 등 반찬으로 드니, 극난(極難)하되 경내(境內)에 장(醬) 없으니 어찌할 수 없고 겨울에는 단천(端川) 5, 6일정(日程)으로 가 은어(銀魚), 통명태, 청어(靑魚)를 실어다가 두고 실냉이국(칼국수)에 넣어 먹더라.

원문

녈음을 디내니 쇌내롤 ᄒᆞ여 주되 믈이 됴하 별노118) 희고

니플119)은 업서셔 졀구도 물이 매120) 업슨 듸셔 목말121)을 으122) 방이123)의 ᄆᆞ사124) ᄡᅳ 먹여시니 닙을 만ᄒᆞ더라

됴셕의ᄂᆞᆫ 잡밥이라도 각곡을 나모 실네 ᄲᅧ 물압125) 하의 미이126) 닥가127) 지어시니 입 닉은 후ᄂᆞᆫ 니밥128) ᄉᆡᆼ각 업고 ᄊᆡᄊᆡ 어더먹ᄂᆞᆫ 음식은 국슈가 유명ᄒᆞ고 피쥭으로 삭여 고은 엿시 됴코 츌기장 강반129)에 산ᄌᆞ130)와 조청 약괘오 귀밀송

---

118) 별노 : 별로. 유별나게.

119) 니플 : 이풀. 입쌀 가루로 쓴 풀[稻米糊].

120) 매 : 물때.

121) 목말(木末) : 메밀가루.

122) 으 : 미상. 다음 단어인 '방이'의 접두사로 보이나 알 수 없다.

123) 방이 : 방아.

124) ᄆᆞ사 : '마스다'는 '부수다'라는 뜻이다.

125) 물압 : 물밥[水飯].

126) 미이 : 매우.

127) 닥가 : '닭다'는 '덦다'를 뜻한다.

128) 니밥 : 입쌀밥.

129) 강반 : 산자밥풀. 산자, 강정 등 겉에 붙이기 위해 찹쌀을 쪄서 말려 기름에 튀긴 밥풀.

130) 산ᄌᆞ(饊子) : 산자. 찹쌀가루를 반죽해서 납작하게 만들어 말린

편과 도래쎡131) 조실으쎡132) 조인절미를 뭉골133) 만ᄒ여 밍 그지 아니ᄒ고 풋히나 들깨 소금이나 쓴 글읏식 노하 뭇쳐 먹게 ᄒ고 목말을 슈비134)ᄒ여 노구135)에 기름 뭇고 졈병 붓 드 ᄒ여 졉어 노코 일홈을 슈병136)이라 ᄒ니 먹으면 선득선 득ᄒ여 셔울 업슨 거시러라

　기장 감쥬가 빗츤 탁쥬요 맛슨 셔울 감쥬137)의셔 덜 들아 됴ᄒ되 취를 아니터라

　쇼쥬는 소산이로되 기장발과 ᄉ오되 ᄂ리ᄂ 쥐엄누록138)

것을 기름에 튀기고 꿀을 바른 후 그 앞뒤에 튀긴 밥풀이나 깨를 붙여 만든 유밀과.

131) 도래쎡 : 도래떡. 초례상에 놓은 큼직하고 둥글넓적한 흰떡.

132) 조실으쎡 : 조시루떡. 조로 만든 시루떡.

133) 뭉골 : '뭉긔다'는 떡에 고물이 엉겨 붙도록 하는 것을 말한다.

134) 슈비 : 수비(水飛). 곡식의 가루나 그릇을 만드는 흙을 물속에 넣고 휘저어 잡물을 없앰.

135) 노구 : 노구솥. 놋쇠나 구리쇠로 만든 작은 솥.

136) 슈병 : 수병. 기름구이. 쌀가루를 물에 반죽한 다음 기름을 친 솥에 익힌 것.

137) 감쥬 : 감주(甘酒). 엿기름을 우린 물에 밥알을 넣어 식혜처럼 삭혀서 끓인 음식.

138) 쥐염누록 : 쥐엄누룩. 반죽한 누룩을 손으로 주물러서 작은 접

으로 귀 업슨 고리139)에 텰140) 바쳐 감아의노 부서 그 속의 그릇 밧쳐 보지 아니코 바드듸 물 붓는 수를 산 잡아 흔 말의 네대 여식 나니 소위 쇼경쥬141)라 후쥬142) 맛 ᄀᆞᆺᄒᆞ여 거복ᄒᆞ되 두 번 곳게 되면 낫고 셔울 누룩은 감아 눌어 못 곳ᄂᆞ다 ᄒᆞ더라

방튝143)에 붕어 잇다 ᄒᆞ되 흙내 난다 ᄒᆞ고 잡아먹을 줄 모르고 타쳔144) ᄒᆞ여 자치145) 연묵이146) 울억이147) 죤쳔어148)

시 모양으로 납작하게 빚은 것.

139) 귀 업슨 고리 : 손잡이가 없는 소줏고리.

140) 텰 : 술을 골 때 '능텰' 위에 얼음을 올려놓아 증류주를 얻는다.

141) 쇼경쥬 : 소경주(燒硬酒). 증류식으로 고아 낸 술.

142) 후쥬 : 후주(後酒). 물을 타지 않은 진한 술을 떠내고 재강에 다시 물을 부어 떠낸 술.

143) 방튝 : 방축(防築). 파거나 둑으로 둘러막은 못.

144) 타쳔 : 타천(打川). 냇물을 발로 디디거나 나무 막대기로 쳐서 물고기를 몰아 잡는 것.

145) 자치 : 연어과의 민물고기.

146) 연묵이 : 열목어(熱目魚). 연어과의 민물고기.

147) 울억이 : 뱅어.

148) 죤쳔어 : 소천어(小川魚). 냇물에 사는 자잘한 물고기.

를 혹 어더 보고 발오149) 업슨 곳의 슈어 ᄀᆞᆫ 큰 고기야 니ᄅᆞ오리 춤게 숑샤리 보리새오 남샹 쟈라ᄉᆡ지 업고 댱 녹 산제150)는 흔ᄒᆞ되 은이로 폴고 무명을 필포 달나 ᄒᆞ고 싱치151) 닭은 열어 말이롤 모화 필노 달나 ᄒᆞ고 개 ᄒᆞ나히 크나 적으나 무명 열두 자룰 쏙 달나 ᄒᆞ니 홍졍이 목 셀 분 아니라 곡식 모 어더먹은 즘싱들이라 맛없더라

그나마 빅듀의 둙 개ᄂᆞᆫ 다 잡아가니 칠 의ᄉᆞ 업고 □152) 쑬코 □□ 오라터153) 업시 드러가니154) 댱하155)의 부르봄156) 과 파 싱치 븟인157)동 반찬 드니 극난ᄒᆞ되 경닉예 쟝 업스니 홀길 업고 겨슬에는 단쳔 오뉵 일졍을 가 은어 통명태158) 쳥

---

149) 발오 : 바다[海].

150) 산졔 : 산저(山猪). 산돼지.

151) 싱치 : 생치(生雉). 익히거나 말리지 않은 꿩고기.

152) □ : 흐릿한 부분으로 확인 불가.

153) 오라터 : 집 주변의 공간.

154) 그나마… 드러가니 : 원문 본문 옆에 세필로 추가한 부분인데, 맥락에서 볼 때 자연스럽지 않다.

155) 댱하 : 장하(長夏). 해가 긴 여름.

156) 부르봄 : 상추쌈.

157) 븟인 : 부시(麩豉). 밀기울로 만든 된장.

어를 실어다가 두고 실난국159)에 너허 먹더라

뜻풀이

여름을 지내니 빨래를 해 주되 물이 좋아 별나게 희고, 풀은 없어서 절구도 물때가 없는 데서 메밀가루를 방아에 찧어 풀을 먹였으니 입을 만하더라.

아침저녁에는 잡곡밥이라도 여러 곡식을 나무 시루에 쪄 물에 만 밥을 하되, 매우 덞어 지었으니 [그 밥이] 입에 익은 후에는 쌀밥 생각은 없고, 때때로 얻어먹는 음식은 국수가 유명하고, 피죽을 삭혀 곤 엿이 좋고 찰기장 밥풀 붙인 유밀과와 조청, 약과에 귀리 송편과 넓은 흰 떡, 조로 만든 시루떡, 조로 만든 인절미를 고물에 묻혀 먹을 만해 [인절미처럼] 만들지 않고 팥이나 들깨 소금이나 딴 그릇에 놓아 묻혀 먹게 하고 메밀가루를 정갈히 해서 놋쇠로 만든 작은 솥에 기름 쓰고 찰떡 부치듯 해서 접어 놓고 이름을 수병(水餠)이라 하니 먹으면 선득선득해 서울에 없

---

158) 통명태 : 통째 그대로의 명태.
159) 실난국 : 실냉이국 또는 낭아국. 칼국수를 뜻하는 것으로 보인다.

는 것이더라. 기장 감주(甘酒)가 빚은 탁주(濁酒)요, 맛은 서울 감주보다 덜 달아 좋되 취하지 않더라. 소주(燒酒)는 산물이로되 기장쌀과 4, 5되나 되는 작게 뭉친 누룩으로 귀 없는 고리에 철 받쳐 가마에 부어 그 속에 그릇 받쳐 보지 않고 받되 물 붓는 횟수를 계산해서 한 말에 너덧 되씩 나니 이른바 소경주(燒硬酒)라 하고 두 번째 거른 술 맛 같아서 거북하되 두 번 고게 되면 낫고 서울 누룩은 가마 눌어서 못 곤다고 하더라.

방죽에 붕어 있다 하되 흙내 난다 하고 잡아먹을 줄 모르고 내천을 뒤져 자치, 연묵, 뱅어, 잔 물고기를 혹 얻어 보고, 바다가 없는 곳에 숭어 같은 큰 고기라 이르겠는가? 참게, 송사리, 보리새우, 남상이, 자라까지 없고, 노루, 사슴, 산돼지는 흔하되 은(銀)으로 팔고 무명을 필(疋)로 달라 하고, 꿩, 닭은 여러 마리를 모아 필로 달라 하고, 개 하나에 크나 작으나 무명 열두 자를 틀림없이 달라 하니, 흥정하는 것이 억셀 뿐 아니라 곡식 못 얻어먹은 짐승들이라 고기가 맛이 없더라.

그나마 대낮에 닭, 개는 다 잡아가니 칠 생각이 없고, 집 주변에 들어가니 긴 여름에 상추쌈과 파, 생채, 된장 등을 반찬으로 하니, 몹시 가난해 인근에는 장(醬)이 없으니 어찌할 수 없고 겨울에는 단천(端川)에 5, 6일 일정으로 가서 은어, 통명태, 청어를 실어다가 두고 칼국수에 넣어 먹더라.

주인의 은덕

삭방(朔方)이 추워 삼복(三伏)에도 누비옷 못 벗고, 8, 9월부터 바람이 쓰리고 심동(深冬)에 얼핏 나서도 살이 에이고 곧 얼음이 얼되, 방이 끓기에 한고(寒苦)를 모르니 도시(都是 : 아무리 해도) 주인의 은혜를 [어찌 다] 이르오리?

가는 데 없이 갇힌 듯이 꼭 앉아 듣고 보니 외촌(外村) 성중(城中) 사람들이 다 이 집에 복주(輻湊)해(몰려들어) 대소사(大小事)를 의논하니, 뇌실(牢實)하기(믿음직하기) 제일 인물이요, 오는 사람마다 밥 먹여 재우고 대접하며, 유걸(流乞 : 거지)까지 못 미칠 듯이 주어 보내니 심덕(心德)으로 90세 노친 데리고 있는 친척 자손까지 성당(成黨)해 식속(食粟)하는(먹고사는) 아치(雅致 : 아름다운 풍속)더라.

원문

삭방이 칩어 삼복의도 누비옷 못 벗고 팔구월부터 브람이 쁠히고 심동에 얼풋 나셔도 술 어히고 곳 얼음지되 방이

슬키예 한고160)를 모로니 도시 쥬인의 은혜를 니르오리

가는 딕 업시 갓긴161) 드시 쏙 안저 듯고 보니 외촌 셩즁 사름들이 다 이 집의 복주162)ᄒᆞ여 대쇼ᄉᆞ를 의논ᄒᆞ니 뇌실163)ᄒᆞ기 제일 인물이오 오는 사름마다 밥 먹여 재오고 딕졉ᄒᆞ며 뉴걸164)ᄉᆞ지 못 미츨 드시 주어 보내니 심덕으로 구십 노친 드리고 결게 ᄌᆞ손 셩댱165)ᄒᆞ여 식속ᄒᆞᄂᆞᆫ 앗치166)러라

뜻풀이

북녘이 추워 삼복더위에도 누비옷 못 벗고, 8, 9월부터 바람이 쓰리고 한겨울에 얼핏 나서도 살이 에이고 곧 얼음

---

160) 한고(寒苦) : 심한 추위로 겪는 괴로움.

161) 갓긴 : 갇힌.

162) 복주(輻輳) : 복주병진(輻輳幷臻). 수레의 바퀴통에 바큇살이 모이듯 한다는 뜻으로 한곳으로 많이 몰려듦을 이르는 말.

163) 뇌실(牢實) : 사람이 믿음직함.

164) 뉴걸 : 유걸(流乞). 걸인.

165) 셩댱 : 성당(成黨). 무리를 이룸.

166) 앗치 : 아치(雅致). 격에 맞는 멋.

이 얼되, 방이 끓어 추위를 모르니 아무리 해도 주인의 은혜를 [어찌 다] 이르오리?

가는 데 없이 갇힌 듯이 꼭 앉아 듣고 보니 다른 마을 성중(城中) 사람들이 다 이 집에 몰려들어 크고 작은 일을 의논하니, 믿음직하기 제일 인물이요, 오는 사람마다 밥 먹여 재우고 대접하며, 거지까지 못 미칠 듯이 주어 보내니 마음 씀씀이 90세 노친 데리고 있는 친척 자손까지 모여 먹고사는 아름다운 풍속이더라.

토산품

종개참(站)으로서 비로소 경내(境內)를 드니 준령(峻嶺)이 벽립(壁立)하고 대목(大木)이 음삼(陰森)해 천일(天日 : 해)을 못 보고 100여 리를 오더니, 허천강 건너면서 읍지(邑地)를 위격(位格 : 지위와 품격)으로 내었으되, 백두산 초낙(初落 : 초입) 척맥(脊脉 : 등줄기)이라 고조(高燥 : 건조)하기 특심(特甚)하고, 사시(四時) 한늠(寒凜)하기에(춥기에) 만물이 다 배(培)지(키우지) 못해 초목으로는 솔, 대, 느티, 회화(槐花), 매화, 감, 배, 밤, 대추, 호두, 은행, 살구, 복숭아, 능금, 외얏, 연(蓮), 국화, 인동(忍冬), 산약(山藥), 생강, 칡까지 생기지 아니하였으니, 노인도 '청울치(칡덩굴의 속껍질)'란 말도 모르고, 아이는 감을 주니 어버! 하며 건강(乾薑)을 사양(생강)이라 하니, 이것을 일컬어 "여름 벌레[夏虫]는 얼음을 말할 수 없다[不可語氷]"고 하는 것이더라.

금수(禽獸)는 황새, 백로, 꾀꼬리, 거위, 두루미, 오리, 두견, 매미도 못 보고, 양(羊), 염소도 호환(虎患)으로 못 기르더라.

오미자, 들죽, 옥수수, 양귀비, 산갓이 소산(所產)이로되 메산갓과 다르고, 지분자(地芬子 : 땅딸기)라는 것이 국중(國中)에 없는 것이 모양은 뱀딸기 같고 맛은 유월도(六月桃) 맛이더라.

원문

동개참으로서 비로소 경닉를 드니 쥰녕이 벽닙ᄒᆞ고 대목이 음슴ᄒᆞ여 텬일을 못 보고 빅여 니를 오더니 허쳔개[167] 것 너면셔 읍디를 위격으로 내여시되 빅두산 초낙 쳑믹이라 고조ᄒᆞ기 특심ᄒᆞ고 ᄉᆞ시 한늠ᄒᆞ기예 만물이 ᄃᆞ 빅지[168] 못ᄒᆞ여 초목으로ᄂᆞᆫ 솔 대 늣틔 회화 미화 감 비 밤 대쵸 호도 은힝 슬고 복셩화 능금 외앗 년 국화 잉동 산약 싱강 츩ᄀᆞ지 삼기지 아니ᄒᆞ여시니 노인도 쳥울치[169]란 말도 모르고 아희ᄂᆞᆫ 감을 주니 어버 ᄒᆞ며 건강을 사양[170]이라 ᄒᆞ니 이거슬 니론

---

167) 허쳔개 : 허천강(虛川江). 함남 풍산에서 발원해 개마고원을 거쳐 압록강으로 흐르는 강.
168) 빅지 : '키우다[배양(培養)]'의 의미로 보인다.
169) 쳥울치 : 쳥울치. 칡덩굴의 속껍질.
170) 사양 : 생강.

하튱은 불가어빙이러라

금슈는 쇠소리 황새 빅노 게유 둘음이 올히 두견 믜암이도 못 보고 양 염쇼도 호환으로 못 기르더라

오미즈 들쥭 옥슈슈 양구비 샹갓이 소산이로되 묏상갓171)과 다르고 지분즈172)란 거시 국듕의 업슨 거시 모양은 비암짜알기 ᄀᆞᆺ고 맛슨 뉴월도173) 맛시러라

뜻풀이

종개역에 이르러 비로소 경내에 들어가니 높고 가파른 고개가 깎아지른 듯 솟아 있고 큰 나무들이 무성해 어두워 해를 못 보고 100여 리를 오더니, 허천강을 건너면서 읍지(邑地)의 지위와 품격으로 내었으되, 백두산 초입 등줄기라 건조하기가 특히 심하고, 사계절 춥기에 만물이 다 잘 자라지 못해 초목으로는 솔, 대, 느티, 회화나무, 매화, 감, 배, 밤, 대추, 호두, 은행, 살구, 복숭아, 능금, 자두, 연, 국화, 인동, 산약, 생강, 칡까지 생기지 않았으니, 노인도 '청

---

171) 묏상갓 : '영채'로 불리는 채소.
172) 지분즈 : 지분자(地芬子). 들쭉나무의 열매.
173) 뉴월도 : 유월도(六月桃). 유월에 익은 복숭아.

울치(칡덩굴의 속껍질)'란 말도 모르고, 아이는 감을 주니 어버! 하며 말린 생강을 생강이라 하니, 이것을 일컬어 "여름 벌레[夏虫]는 얼음을 말할 수 없다[不可語氷]"고 하는 것이더라.

 짐승으로는 황새, 백로, 꾀꼬리, 거위, 두루미, 오리, 두견, 매미도 못 보고, 양, 염소도 호환(虎患)으로 못 기르더라.

 오미자, 들죽, 옥수수, 양귀비, 산갓이 산물이로되 메산갓과 다르고, 땅딸기라는 것이 나라에 없는 것이 모양은 뱀딸기 같고 맛은 유월의 복숭아 맛이더라.

농경

4월에 눈이 치승(곧) 그치지 아니하고, 7월에 서리가 하마(벌써) 오기에 화곡(禾穀)은 채울 길 없어 논(논농사)은 못하고, 밭 소출도 목화, 참깨, 박, 동과(冬瓜) 및 무, 배추, 고추 같은 것도 다 배(培)지 못하고, 수박, 참외도 못 보더라.

농상(農桑 : 농사와 양잠)을 4월에야 시작하는데 오히려 추워, 쇤 아이들이 해 퍼진 후에 일어나 털갓 쓰고 개가죽 저고리 개가죽 바지 입고 소가죽 다로기(가죽신)를 무릎까지 동치고 샤발(미끄럼 방지용 기구)이라 해서 쇠등자 같은 데 바닥에 대갈(징) 박아 신고, 식전(食前)에 둥굴소(수소) 암소 두셋에 가다기에 보습 맞추어 발구(수레)에 싣고, 조총(鳥銃) 같은 속 빈 나무에 씨 넣어 가지고 나가 한 소약이(송아지) 쇠! 쇠! 쇠! 하며 갈아 보리, 귀 밀, 수수, 조, 기장, 피, 콩, 목밀을 차차 심고 인하여 기슴(김)[이 난 밭에 들어 조전(朝前)에 쌍홀치기(소 두 마리로 하는 후치질)하고 들어와 밥 먹고, 느긋하게 자다가 인해서 점심 먹고 또 한낮에 나가니 실없이 애태워 보이되, 이 땅 농사가 적게 부쳤다가 조상(早霜)하여 미처 못 채우면 실수 되매 광작(廣作)해서 날현날현하고(나른하고), 추수까지 하면 실은 쉴 때 없고, 풍년에야 엄부렁한 듯해도 서른 뭇을 한 하지라 하고 한 하지에 열댓 말 한 섬이 나서 보니 한 섬 덮으면 막해서(마지막에) 쌀 서 말 다 배니 종세근고(終歲勤苦)하여 소출이 맹랑하고, 가을부터 겨우내 소발구에 피나무, 황철, 익갈 두어 아름이나 하고 여남은 길 나무를 동동이(도막도막) 잘라 실어다가 뫼처럼 가리니 이곳 것 중에 으뜸 보배요, 서울 같으면 무비판재(無非板材)도 좋은 재목(材木)이라, 수삼백금(數三百金)을 쉬 받을 것을 큰 도끼 두셋으로 서로 보라 박아 가며 때려 일조(一朝)에 똑 따개니, 실로 아깝되 허허 소리 하며 내팽개치듯 하는 상(象)이 보기 구경이러라.

어미네는 밭에는 심을 적부터 매기까지 본 체를 아니하다가 타작해서 불릴 제 이 땅에 볏짚 없어 새끼도 '날뷔[生布]'란 것으로 꼬고 부뚜(돗자리) 못 만들기에 숱한 각곡(各穀)을 다 키로 건조하니 극히 수고롭고, 5월이야 누에 치고 날마다 물방아 방아 찧어 쌀 뎕어 먹을 일 노역(勞役), 노역하고, 겨우내 삼을 밤 되도록 삼아 베 짜 노는 틈 없이 근고(勤苦)하되, 풍년에 악식(惡食)을 면치 못하고, 겨울에 베옷을 감고 다니니 가련하더라.

원문

  스월의 눈이 초승174) 그치지 아니ᄒᆞ고 칠월의 설이가 ᄒᆞ마 오기에 화곡은 치올 길 업서 논을 못ᄒᆞ고 밧 소츌노도 목화 춤ᄶᅢ 박 동화175) 밋 무수 비치 고쵸 ᄀᆞᆺ한 것도 ᄃᆞ 비지 못ᄒᆞ고 슈박 춤외도 못 볼너라

  농상을 스월이야 시작ᄒᆞᄂᆞᄃᆡ 오히려 칩어 쉰176) 아희들이 히 펴진 후의 닐어나 털갓177) 쓰고 개갓져고리 개갓바지178) 닙고 쇠갓도록이179) 물옴ᄀᆞ지 동치고180) 샤발181)이라

---

174) 초승: 초승. 얼마 되지 않아서 곧.

175) 동화: 동아 또는 동과(冬瓜). 박과의 한해살이 덩굴성 식물. 여름에 노란 종 모양의 꽃이 피고, 열매는 호박 비슷한 긴 타원형이고 익으면 흰 가루가 앉는다.

176) 쉰: '싁다'는 '쇠다', '쇠하다'를 뜻한다.

177) 털갓: 벙거지.

178) 개갓바지: 개가죽으로 지은 바지.

179) 쇠갓도록이: 쇠가죽으로 지은 다로기. '도로기'는 쇠가죽이나 돼지가죽으로 만든 신이다.

180) 동치고: '동치다'는 작은 것을 칭칭 써서 동이는 것을 말한다.

181) 샤발: 사갈. 눈이나 얼음 위에서 미끄러지지 않도록 하거나 나무에 오르기 위해 신 바닥에 대는 물건.

ᄒ고 쇠등ᄌ ᄀᆞᆺᄒᆞᆫ 듸 바닥에 다갈182) 박아 신고 식젼의 둥글쇠183) 암쇠 두서헤 가다기184)에 보셥 마초아 발고185)의 싯고 됴춍 ᄀᆞᆺᄒᆞᆫ 속 븬 나모에 ᄢᅥ 너허 가이고 나가 ᄒᆞᆫ 소약이186) 쇠 쇠 쇠 ᄒᆞ며 갈아 보니 귀밀 슈유187) 조 기장 피 콩 목밀을 츠츠 심으고 인ᄒᆞ여 기슴188)에 들어 됴젼189)의 ᄡᅡᆼ홀치질190) ᄒᆞ고 들어와 익것191) 자다가 인ᄒᆞ여 졈심 먹고 쏘 낫밥192)에 나가니 헐웅193) 슬워194) 뵈되 이 짜 농ᄉᆞ가 젹게 부쳣다가 조

---

182) 다갈 : 말굽에 편자를 박을 때 쓰는 징.

183) 둥글쇠 : 둥글소. 황소.

184) 가다기 : 가대기. 산간 오지에서 밭갈이할 때 사용하는 농기구.

185) 발고 : 발구. 산간 오지에서 사용하는 바퀴 없는 수레.

186) 소약이 : 소야기. 송아지.

187) 슈유 : 수수.

188) 기슴 : 김. 잡초.

189) 됴젼 : 조전(朝前). 아침 전.

190) ᄡᅡᆼ홀치질 : 쌍홀치질. 후치 두 개를 써서 밭고랑을 내거나 김을 덮거나 하는 일. '후치'는 농기구의 하나로 '가대기'보다는 작고 가벼우며 김을 맨 뒤에 흙을 좌우로 넘겨 김을 덮는 데 사용한다.

191) 익것 : 느긋하게. 만족하게.

192) 낫밥 : 하루 중 가장 더운 한낮. 이 시간에 점심을 먹고 낮잠을 자는데, 이를 낮밥 쉰다고 한다.

상ᄒᆞ여 밋처 못 치오면 실슈 되매 광작ᄒᆞ여 날현날현ᄒᆞ고195) 츄슈신지 ᄒᆞ면 실은 쉴 째 업고 풍년이야 엄부러ᄒᆞ듯196) ᄒᆞ여도 셔흔 뭇을 ᄒᆞ 하지197)라 ᄒᆞ고 ᄒᆞ 하지에 열 닷 말 ᄒᆞ 셤이 나셔 보니 ᄒᆞ 셤 닥그면 막ᄒᆞ고 뿔 셔 말 드 빈니 동셰근고 ᄒᆞ여 소츌이 밍냥ᄒᆞ고 ᄀᆞ슬부터 겨슬내 쇠발고198)의 피나모 황텰 익갈199) 두어 알음이나 ᄒᆞ고 열남은 길 나모를 둥둥이 줄나 실어다가 뫼쳐로 갈이니 이곳 것 듕에 웃틈 보빈오 셔울 ᄀᆞᆺᄒᆞ면 무비판지로 ᄒᆞ고 됴흔 지목이라 수삼빅 금을 쉬이 바들 거슬 큰 도최 두서ᄒᆞ로 서로 보라200) 박아 가며 ᄶᅡ려 일

---

193) 헐웅 : 실없이 자꾸 가볍게 들떠.

194) 슬위 : '스루다'는 마음이나 속을 태운다는 뜻이다.

195) 날현날현ᄒᆞ고 : '날현날현하다'는 '몸이 피곤하여 나른하다'를 뜻하는 것으로 보인다.

196) 엄부러ᄒᆞ듯 : '엄부러하다'는 실속은 없이 겉만 크다는 뜻이다.

197) 하지 : 곡식을 30단씩 가려 놓은 더미. 벼는 30단씩 더미를 쌓아 놓고 조는 15단씩 쌓아 놓는다. 벼 30단을 '하지', 조 15단을 '조배기'라 한다.

198) 쇠발고 : 쇠발구. 소에 메워 물건을 실어 나르는 썰매.

199) 익갈 : 잎갈나무, 이깔나무.

200) 보라 : 쐐기 모양으로 만든 쇠 연장의 하나. 통나무를 팰 때 도끼로 찍어 벌린 자리에 박고 도끼머리로 내리쳐서 쉽게 쪼개지게

됴의 쏙 짜히니 실노 앗가오틱 허허 소릭 ᄒ며 내ᄯ리듯201) ᄒᄂ 샹이 보기 귀경202)이러라

어미네ᄂ 밧히ᄂ 심을 적으로셔 미기ᄀ지 본체를 아니ᄒ다가 타작ᄒ여 불닐 졔 이 짜히 벼집 업서 쇠기203)도 늘뷔204)란 거스로 쇠고 붓돗205) 못 밍글기예 숫흔 각곡을 다 키로 건조ᄒ니 극히 슈고롭고 오월이야 눕에 치고 날마다 물앙하206) 오방이 딕희여 뿔 닥가 먹을 일 노역 노역ᄒ고 겨슬내 삼을 밤 되도록 삼아 뵈 짜 노ᄂ 틈 업시 근고ᄒ되 풍년에 악식을 면치 못ᄒ고 겨슬에 비옷슬 감고 둧니니 가년ᄒ더라

하는 데 쓴다.

201) 내ᄯ리듯 : '내때리다'는 '내팽개치다'를 뜻한다.

202) 귀경 : 구경.

203) 쇠기 : 새끼[繩].

204) 늘뷔 : '생베'로 보인다.

205) 붓돗 : 부뚜. 타작마당에서 곡식에 섞인 티끌, 쭉정이 등을 날려 없애기 위해 바람을 일으키는 데에 쓰는 돗자리.

206) 물앙하 : 물방아.

뜻풀이

  4월에 눈이 곧 그치지 않고, 7월에 서리가 벌써 내리기에 곡식을 채울 길 없어 논농사는 못하고, 밭 소출도 목화, 참깨, 박, 동과 및 무, 배추, 고추 같은 것도 다 잘 자라지 못하고, 수박, 참외도 못 보더라.

  농사와 양잠을 4월에야 시작하는데 오히려 추워, 쇤 아이들이 해 뜬 후에 일어나 털갓 쓰고 개가죽 저고리 개가죽 바지 입고 소가죽 가죽신을 무릎까지 휘감아 동이고 샤발[미끄럼 방지용 기구]이라 해서 쇠로 만든 발 디딤대 같은 데 바닥에 징 박아 신고, 식사 전에 수소 암소 두셋에 가다기에 보습 맞추어 수레에 싣고, 조총(鳥銃) 같은 속 빈 나무에 씨 넣어 가지고 나가 송아지에 쇠! 쇠! 쇠! 하며 갈아 보리, 귀밀, 수수, 조, 기장, 피, 콩, 메밀을 차차 심고 인해서 김이 난 밭에 들어가 아침에 소 두 마리로 후치질하고 들어와 밥 먹고, 느긋하게 자다가 인해서 점심 먹고 또 한낮에 나가니 실없이 애태우는 것처럼 보이되, 이 땅 농사가 적게 부쳤다가 일찍 서리 내려 미처 못 채우면 실수 되매 농사를 많이 지어 나른하고, 추수까지 하면 실은 쉴 때 없고, 풍년에야 실속이 없는 듯해도 서른 뭇을 한 하지라 하고 한 하지에 열댓 말 한 섬이 나서 보니 한 섬 덮으면 마지막에 쌀 서 말 다 배니 죽을 때까지 열심히 애를 써도 소출이 생각과 달리 허망하고, 가을부터 겨우내 소 썰매에 피나무, 황철, 잎갈나무 두어 아름이나 하고 여남은 길 나무를 도막도막 잘라 실어다가 뫼처럼 가리니 이곳 물건 중에 으뜸 보배요, 서울 같으면 널빤지 재목으로 좋은 재목이라, 수삼백금(數三百金)을 쉽게 받을 것을 큰 도끼 두셋으로 서로 보라 박아 가며 때려 한 번에 쪼개니, 실로 아깝되 허허 소리 하며 내팽개치듯 하는 모습이 보기 좋은 구경이러라.

어미네는 밭에는 심을 적부터 매기까지 본 체를 안 하다가 타작해서 불릴 제 이 땅에 볏짚 없어 새끼도 '날뷔[生布]'란 것으로 꼬고 돗자리 못 만들기에 숱한 곡식을 다 키로 건조하니 극히 수고롭고, 5월이야 누에 치고 날마다 물방아 찧어 쌀 덮어 먹을 일 노역, 노역하고, 겨우내 삼을 밤 되도록 삼아 베 짜서 노는 틈 없이 몸과 마음을 다해 애쓰되, 풍년에도 거친 음식을 면치 못하고, 겨울에 베옷을 감고 다니니 가련하더라.

축산과 특산품

그 밖에는 마소나 양(養)하되 1년 다 가도 콩죽 못 얻어먹이고 귀밀 짚만 연양(連養)하며 키워 행전(行錢) 못하는 데서 돈 대신 쓰되 윤도리를 주었다가 가을에 곡식 섬도 받으며, 초피(貂皮 : 담비 가죽)동 서피(鼠皮 : 족제비 가죽)동 삼(蔘)인동 되는대로 갚다가 못 얻으면 전연 아니 주고 남의 소를 임자다려(임자에게) 이르지 아니하고 꾼다 하고 제 것 쓰듯 하였다가 혹 값도 아니하니, 관가(官家) 하는 일도 있으며, 원간 아무것이라도 제게 모자라면 '빚지세' 하고 장래 날 것 없는 사람이 갚기를 염려 아니하고 '아직, 아직'으로 쉬 쓰고 영 아니 갚으니, 아무 데도 없는 풍속이라 무신(無信)하더라.

베를 위업(爲業)하되 흔히 팔지 아니하고 곱기조차도 북 베만 못하되 질기기는 나은 듯하더라.

산행채약(山行採藥)하여 초삼(初蔘)을 모았다가 지월 순간(至月旬間) 동지(冬至) 목에 함북 행상(咸北行商)이 들어오면 교역자생(交易資生)을 하되, 피경범월(避境犯越)하는 폐(弊) 있다 해서 5월 위시(爲始)해 9월까지 오가점구(五家點口)를 하기에 임의로 못하고, 왕래 행인도 참참이(이따금) 적간(摘奸)하기에 행장(行狀) 내어 가지고 다니더라.

  초피가 흔하면 무명 한 필에 둘이요 귀하면 하나 반 주고, 서피도 귀하면 무명 한 필에 두 줌이요 흔하면 대여섯 줌이나 주고, 초피 하나에 쌀 서 말이요, 황미(黃尾) 하나에도 서 말이요, 청서미(靑鼠尾)는 매매 없이 그저 주고, 심히 귀하면 무명 한 필에 두 돈 주고 흔하면 두 돈 오 푼 서 돈 주되 초서피(貂鼠皮), 초황미(貂黃尾)나 삼(蔘)이나 한 것도 보기에 의젓하지 아니하고, 녹피(鹿皮 : 사슴 가죽), 장피(獐皮 : 노루 가죽), 구피(狗皮 : 개가죽), 범간(泛看 : 데면데면하게 보고) 피물(皮物)을 크게 하느라 잔뜩 버르집어 말리고 여름 가죽이라도 버리지 아니하고, 부엌 위에 급급히 말렸으니 엷기도 하고 어찌 아니한 가죽이 값은 빛을 쏘여 구피 하나에도 쌀 서 말씩 달라 하고 녹(鹿)이 한 피에는 무명 한 필 값이로되 극귀(極貴)하고 온갖 일이나 흥정이나 목 놓아 주선해 주는 사람 없어 자비로운 일이 없고 남의 것은 소라도 꾸어 쓰기를 쉬 여기고 제 것은 서피 한 장 황미 하나라도 철석같이 하니 벅벅한 도리(道理)더라.

원문

  그 밧긔는 믈쇠207)나 양ᄒᆞ되 일 년 다 가도 콩쥭 모 어더 먹이고 귀밀 집만 연냥ᄒᆞ여 킈워 힝젼 못ᄒᆞ는 듸셔 돈 듸신으로 ᄡᅳ되 눈도리208)를 주엇다가 ᄀᆞ슬에 곡식 셤도 밧으며 쵸편동 셔편동 심인동209) 되ᄂᆞᆫ대로 갑다가 모 엇으면 젼젼 아니 주고 ᄂᆞᆷ의 쇼를 넘자ᄃᆞ려 니로도 아니ᄒᆞ고 쇼다 ᄒᆞ고 제 것 ᄡᅳ듯 ᄒᆞ엿다가 혹 갑도 아니ᄒᆞ니 관가 ᄒᆞ는 일도 이시며 원간 아모 거시라도 제게봇210) ᄇᆞᄅᆞ면211) 빗지새 ᄒᆞ고 댱니 날 것 업슨 사름이 갑기를 념녀 아니ᄒᆞ고 아직아직으로 쉬이 ᄡᅳ고 영 아니 갑흐니 아모 듸도 업슨 풍속이라 무신ᄒᆞ더라

---

207) 믈쇠 : 마소[馬牛].

208) 눈도리 : '배냇소'의 일종. 이전에 형편이 구차해 농우(農牛)를 갖출 수 없을 때 소를 여럿 가진 집에서 아직 덜 자란 암소를 빌려 와 먹이면서 농사를 짓고, 그 암소가 송아지를 낳게 되면 빌려 온 집에서 송아지를 갖고 빌려 온 암소를 원래 주인에게 되돌려 주었다.

209) 심인동 : 산삼(山蔘).

210) 봇 : 곧, 만의 뜻을 가진 보조사.

211) ᄇᆞᄅᆞ면 : '바라다'는 흔하지 않거나 충분할 정도에 이르지 못했다는 뜻이다.

빅를 위업ᄒᆞ되 흔히 ᄑᆞ지 아니ᄒᆞ고 곱기조츠도 북 빗만 못ᄒᆞ되 질의기ᄂᆞᆫ 낫슨 듯ᄒᆞ더라

산힝치약ᄒᆞ여 쵸습을 모홧다가 지월슌간 동지 목의 함북 힝샹이 들어오면 교역ᄌᆞ싱212)을 ᄒᆞ되 피경범월213)ᄒᆞᄂᆞᆫ 폐 잇다 ᄒᆞ여 오월 위시ᄒᆞ여 구월ᄁᆞ지 오가졈구를 ᄒᆞ기예 임 의로 못ᄒᆞ고 왕ᄂᆡ 힝인도 참참이 젹간214)ᄒᆞ기예 힝장215) 내 여 가이고 ᄃᆞᆫ니러라

쵸피가 흔ᄒᆞ면 무명 ᄒᆞᆫ 필에 둘히오 귀ᄒᆞ면 ᄒᆞ나 반 주고 셔피도 귀ᄒᆞ면 무명 ᄒᆞᆫ 필에 두 줌이오 흔ᄒᆞ면 다엿 줌이나 주고 쵸미 ᄒᆞ나희 ᄲᆞᆯ 셔 말이오 황미 ᄒᆞ나희도 셔 말이오 쳥 셔미ᄂᆞᆫ 미매 업시 그저 주고 심이 귀ᄒᆞ면 무명 ᄒᆞᆫ 필에 두 돈 주고 흔ᄒᆞ면 두 돈 오 분 셔 돈 주되 쵸셔피 쵸황미나 심이나 ᄒᆞᆫ 것도 보기예 으젓ᄒᆞ지216) 아니ᄒᆞ고 녹피 쟝피 구피 범간

---

212) 교역ᄌᆞ싱 : 교역자생(交易資生). 교역해 생계를 유지함.

213) 피경범월(避境犯越) : 국경이나 경계를 넘음.

214) 젹간 : 적간(摘奸). 죄상이 있는지 없는지를 밝히기 위해 캐어 살핌.

215) 힝장 : 행장(行狀). 행상(行商)에게 발급하던 거주지 관아의 여행 증명서.

216) 으젓ᄒᆞ지 : 의젓하지. 말이나 행동 따위가 점잖고 무게가 있지.

(泛看)217) 피물을 크게 ᄒᆞ노라 진쪽 벌으집어218) 믈니 오고 녈을 가족이라도 ᄇᆞ리지 아니ᄒᆞ고 부억 우희 급급이 믈니와시니219) 엷기도 ᄒᆞ고 엇지 아니ᄒᆞᆯ 피220) 갑슨 빗 쇠와221) 구피 ᄒᆞ나히도 ᄲᆞᆯ 셔 말식 달나 ᄒᆞ고 녹이 ᄒᆞᆫ 피에는 무명 ᄒᆞᆫ 필 갑시노되 극귀ᄒᆞ고 온갓 일이나 흔졍이나 목 노라 쥬션ᄒᆞ여 주ᄂᆞᆫ 사ᄅᆞᆷ 업서 ᄌᆞ비로운 일이 업고 ᄂᆞᆷ의 거슨 쇠라도 ᄭᆞ어 쓰기를 쉬이 너기고 제 거슨 셔피 ᄒᆞᆫ 쟝 황미 ᄒᆞ나히라도 텰셕ᄀᆞ치 ᄒᆞ니 벅벅ᄒᆞᆫ222) 도니러라

뜻풀이

그 밖에는 마소나 기르되 1년 다 가도 콩죽 못 얻어 먹이고 귀리 짚만으로 길러 돈이 유통하지 못하는 데서 돈

---

217) 범간(泛看) : 눈여겨보지 않고 데면데면하게 보다.

218) 벌으집어 : 버르집어. '버르집다'는 '헤집거나 파서 헤뜨리다', '들쑤셔 크게 만들다'라는 뜻이다.

219) 믈니와시니 : 말렸으니.

220) 엇지 아니ᄒᆞᆯ 피 : '말리지 않은 가죽'을 뜻하는 것으로 보인다.

221) 쇠와 : 쏘여[晒]. 쐬다.

222) 벅벅ᄒᆞᆫ : 뻑뻑한. 여유가 없어서 빠듯한. 융통성이 없고 고지식한.

대신 쓰되 윤도리를 주었다가 가을에 곡식 섬도 받으며, 담비 가죽이든 족제비 가죽이든 삼이든 되는대로 갚다가 못 얻으면 전혀 안 주고 남의 소를 임자에게 이르지 않고 꾼다 하고 제 것 쓰듯 했다가 혹 임차료도 주지 않으니, 관가에 의지해서 해결하는 일도 있으며, 원간 아무것이라도 제게 모자라면 '빚지세' 하고 장래 날 것 없는 사람이 갚기를 염려하지 않고 '아직, 아직'으로 쉬이 쓰고 영 안 갚으니, 아무 데도 없는 풍속이라 믿음이 없더라.

베를 생업으로 하되 흔히 팔지 않고 곱기조차도 북 베만 못하되 질기기는 나은 듯하더라.

산에서 약을 캐어 초삼(初蔘)을 모았다가 동짓달 초열흘 목에 함경도 행상이 들어오면 물물 교환해 생계를 유지하되, 국경을 넘는 폐가 있다 해서 5월에 시작하여 9월까지 다섯 가구씩 호구 조사를 하기에 임의로 못하고, 왕래 행인도 이따금 캐어 살피기에 여행증을 내어 가지고 다니더라.

담비 가죽이 흔하면 무명 한 필에 둘이요 귀하면 하나 반 주고, 족제비 가죽도 귀하면 무명 한 필에 두 줌이요 흔하면 대여섯 줌이나 주고, 담비 가죽 하나에 쌀 서 말이요, 황미(黃尾) 하나에도 서 말이요, 청서미(靑鼠尾)는 매매 없이 그냥 주고, 심히 귀하면 무명 한 필에 두 돈 주고 흔하면 두 돈 오 푼 서 돈 주되 초서피(貂鼠皮), 초황미(貂黃尾)나 삼(蔘)이나 한 것도 보기에 의젓하지 않고, 사슴 가죽, 노루 가죽, 개가죽 등을 데면데면하게 보고 가죽을 크게 하느라 잔뜩 버르집어 말리고 여름 가죽이라도 버리지 않고, 부엌 위에 급급히 말렸으니 엷기도 하고 어찌 가공하지 않은 가죽이 값은 빛에 말리기만 한 개가죽 하나에도 쌀 서 말씩 달라 하고 사슴 가죽 한 피에는 무명 한 필 값이로되 매우 귀하고 온갖 일이나 흥정이나 목 놓아 주선해 주는 사람이 없어 자비로운 일이 없고 남의 것은 소라도 꾸어 쓰기를 쉽게 여기고 제 것은 족제비 가죽 한 장 황미 하나라도 철석같이 하니 융통성 없는 도리(道理)더라.

상거래

흥리(興利 : 재물을 불림) 중에 소금이 패수(실패) 없어 홍원(洪原), 북청(北靑), 단천(端川), 이원(利原), 성진(城津)이 다 대엿새 길에 말 한 바리에 좁쌀 열 말씩 짝 붙여 가지고 그 속에서 먹고 바닷가에 가서 토염(土鹽)이나 철염(鐵鹽)이나 풍년이면 댓 말씩, 흉년이면서 말 남아 받아 와서 미리 죄 놓았다가 가을에는 풍흉(豐凶) 물론(勿論)하고 소금 한 말에 너 말씩 받으니 받기도 열없지 아니하고 10배나 한 장한 대리(大利)로되 그도 기구(器具) 없는 이는 못하고 들으니 이전에는 한 말에 닷 말씩도 받더라 하고, 소금이 그리 관중(款重)하되(요긴하고 중하되) 비싼 이(利)를 되 남아 못 주면 도리어 꾸짖고 가니 인심 영악하더라.

염장(鹽醬)밖에 반찬이 없기에 대사(大事)로이 장만해 쓰기에 장맛이 다 좋더라.

청목(靑木), 백목(白木), 솜 넝마, 파면자(破綿子)를 극귀(極貴)히 여기고 황화(荒貨 : 일용 잡화) 같은 것은 대사로 아니 알고 부채, 책력, 후추, 약물, 분(粉), 바늘은 이 땅에 없는 것이라도 귀히 얻어 서로 쓰니 도리어 순박하더라.

원문

흥니223) 듕의 소금이 패슈 업서 홍복쳥단니셩224)이 다 대엿새 길희 믈 흔 바니에 조뿔 열 말식 빡 부쳐 가이고 그 속의셔 먹고 바로225) ᄀ의 가셔 토렴이나 텰염이나 풍년이면 딕 말식 흉년이면 서 말 남아 밧아 와셔 미리 죄 노하다가 ᄀ슬에는 풍흉 몰논ᄒ고 소금 흔 말에 너 말식 밧으니 밧기도 열엽지 아니코 십 빅나 흔 쟝흔 대니로리 그도 긔구 억서니는 못ᄒ고 들으니 이젼의는 흔 말의 닷 말식도 밧더라 ᄒ고 소금이 그리 관듕226)ᄒ디 비슨 니를 되남아 못 주면 도로혀 쑤짓고 가니 인심 녕악ᄒ더라

염쟝밧긔 반찬이 업기에 대스로이 댱만ᄒ여 쁘기에 댱맛시 다 됴터라

쳥복227) 빅복228) 소 넉마229) 파면ᄌ230)를 극귀히 너기고

---

223) 흥니 : 흥리(興利). 재물을 불려 이익을 늘림.

224) 홍복쳥단니셩 : 갑산 인접 고을인 '홍원(洪原), 북청(北青), 단천(端川), 이원(利原), 성진(城津) 등을 가리킨다.

225) 바로 : 바다.

226) 관듕 : 관중(欵重). 요긴하고 중요함.

황호231) ᄀᆞᆺ흔 거슨 대스로이 아니 알고 부체 칙녁 호쵸 약물 분 바눌은 이 짜희 업슨 거시라도 귀히 어더 서로 쓰니 도로혀 슌박ᄒᆞ더라

뜻풀이

재산을 불리는 것 중에 소금이 실패가 없어 홍원(洪原), 북청(北靑), 단천(端川), 이원(利原), 성진(城津)이 다 대엿새 길인데 말 한 바리에 좁쌀 열 말씩 짝 붙여 가지고 그 속에서 먹고 바닷가에 가서 토염(土鹽)이나 철염(鐵鹽)이나 풍년이면 댓 말씩, 흉년이면 서 말 남짓 받아 와서 미리 죄 놓았다가 가을에는 풍흉(豊凶)을 물론하고 소금 한 말에 너 말씩 받으니 받기도 열없지 않고 10배나 한 장한 대리(大利)로되 그도 기구(器具) 없는 이는 못하고 들으니 이전에는 한 말에 닷 말씩도 받더라 하고, 소금이 그리

---

227) 쳥목 : 청목(靑木). 검푸른 물을 들인 무명.
228) 븩목 : 백목(白木). 흰색의 질 좋은 무명.
229) 소 넉마 : 솜 넝마. 낡고 헌 솜.
230) 파면ᄌᆞ : 파면자(破綿子). 헐거나 낡은 솜.
231) 황호 : 황화(荒貨). 자질구레한 일용 잡화.

요긴하고 중하되 비싼 이익을 되 남아 못 주면 도리어 꾸짖고 가니 인심 영악하더라.

염장밖에 반찬이 없기에 크게 장만해 쓰기에 장맛이 다 좋더라.

청목(靑木), 백목(白木), 솜 넝마, 솜을 귀하게 여기고 일용 잡화 같은 것은 대사로 아니 알고 부채, 책력, 후추, 약물, 분, 바늘은 이 땅에 없는 것이라도 귀하게 얻어 서로 쓰니 도리어 순박하더라.

주거

집 흥정도 소 주고 매매(賣買)하되 큰 집에는 소와 줌이나 하고, 작은 집에는 두세 결(結)이나 주니 그 집이 사면 목책(木柵) 하고 밖에 버들로 바자울 두르고 밋밋한 삼사 간(三四間)이나 건너가는 좋은 잎갈나무 대목(大木)으로 지었으되, 한 말(용마룻대) 속에 안방 네 간을 두 간씩 사이 막아 겹방으로 꾸미고 바깥방 두 간에 안 편으로는 널 장자(障子 : 장지) 세간에, 하절(夏節)에 들게 만들고 정주 서너 간이나 해서 삿자리 깔아 그 밑에 곡식 말리며 위에 나그네, 고공들 자고 일들도 하고, 부엌 하나에 가마 둘 걸어 거기에서 불 넣으면 정주 지나 세 방이 한가지로 더우니 이상하고, 그 위에 노구솥 서넛을 아래 쇠 받쳐 놓고 그 곁에 등대 만들어 밤에 일할 제 불나무 쪼개 관솔 켜듯 하고 그 속에 외양간, 작둣간, 방앗간 다 있고, 겨울에 문 못 열고 불 때면 내 꾀기에 집 마루 구무[구멍] 두고 집 위에 봇 덮고 흙 쌓아 두고 겨울에 사벽(四壁)을 소똥으로 치발라 어한(禦寒) 금화(禁火)하고, 집 위에서 꼴도 베며 나무도 베며 나물도 캐며 장작도 쌓으며 짚 묵도 가리어 마당 쓰듯 하니, 곁으로 보면 일성(一城) 중에 집이 없는 듯하고 거친 둔덕이 무덕무덕 괴이하더니 들어가 보면 묘리(妙理) 많고 옛사람이 바람을 막느라 법제(法製)를 잘 냈더라.

원문

집 흥정도 쇼 주고 미매ᄒ되 큰 집에ᄂᆞᆫ 쇠 줌232)이나 ᄒᆞ고 젹은 집의ᄂᆞᆫ 두서 결이나 주니 그 집이 ᄉᆞ면 목츅 ᄒᆞ고 밧게 버들 바ᄌᆞ 둘우고 뮌못ᄒᆞᆫ233) 삼ᄉᆞ 간이나 것너가ᄂᆞᆫ 됴흔 익길 디목으로 지어시되 ᄒᆞᆫ ᄆᆞᄅᆞ 속에 안방 너 간을 두 간식 ᄉᆞ이 막아 겹방 ᄭᅮ미고 밧방 두 간에 안편으로ᄂᆞᆫ 널 장ᄌᆞ234) 셰간ᄒᆞ여 하졀의 들게 밍글고 졍듀235) 서너 간이나 ᄒᆞ여 삿236) ᄭᅵ라 그 밋ᄒᆡ 곡셕 믈니오며 그 우희 나그ᄂᆡ 고공들 자고 일

---

232) 쇠 줌 : 소와 줌. '줌'은 면적 단위. 소 또는 줌 정도의 땅.

233) 뮌못ᄒᆞᆫ : 밋밋한.

234) 장ᄌᆞ : 장자(障子). 장지. 방과 방 사이, 또는 방과 마루 사이에 칸을 막아 끼우는 문.

235) 졍듀 : 정주. 부엌과 안방 사이에 벽이 없이 부뚜막에 방바닥을 잇달아 꾸민 부엌.

236) 삿 : 삿자리. 갈대를 엮어서 만든 자리.

들도 ᄒᆞ고 부역 ᄒᆞ나희 가마 둘 걸어 글너노셔 불 너흔면 졍
듀 지나 세 방이 흔가지로 덥으니 이샹ᄒᆞ고 그 우희 노구
솟237) 서너흘 알이 쇠238) 밧쳐 노코 그 겻희 등딕239) 밍그라
밤의 일홀 제 봇나모 ᄯᅳ려240) 관솔 셔둣 ᄒᆞ고241) 그 속에 마
구 쟉도간242) 방하간243) 다 잇고 겨슬에 문 못 열고 블 ᄯᅡ혀
면 닉244) 쇠기예 집 믈닉 구무245) 두고 집 우희 봇246) 덥고 흙

---

237) 노구솟 : 노구솥. 놋쇠로 만든 작은 솥.

238) 쇠 : 삼발이.

239) 등딕 : 등대(燈臺). 등을 올려놓거나 달아매는 물건.

240) 봇나모 ᄯᅳ려 : '봇나무'는 자작나무의 하나이며, '봇나무 때려'는 '봇나무를 쪼개어'로 보인다.

241) 셔둣 ᄒᆞ고 : 켜듯 하고.

242) 쟉도간 : 작둣간. 함북 지방에는 바당에서 정지방으로 올라가는 곳에 작둣간이 있다. 작두와 여물을 보관하다가 필요할 때 작두를 꺼내 바당과 작둣간에서 여물을 썰었다.

243) 방하간 : 방앗간. 부어깨(부엌)를 중심으로 위쪽에는 정지방이 있고 반대편에 외양간과 방앗간이 있다.

244) 닉 : 불을 땔 때 나오는 연기로 보인다.

245) 구무 : 구멍. 연기를 배출하기 위한 구멍.

246) 봇 : 자작나무 껍질인 봇으로 질기고 견고하기 때문에 지붕을 얹기도 한다.

짜하 두고 겨슬에 ᄉ벽을 쇠똥으로 치ᄇᆞᆯ나 어한금화247)ᄒᆞ고 집 우희서 쐴도 뷔며 나모도 뷔며 ᄂᆞ물도 키며 장작도 짜ᄒᆞ며 집 뭇도 갈여 마당 ᄡᆞ듯 ᄒᆞ니 것ᄒᆞ로 보면 일셩 듕의 집이 업ᄂᆞᆫ 듯ᄒᆞ고 것츨ᄒᆞᆫ 둥던248)이 무덕무덕 괴이ᄒᆞ더니 들어가 보면 묘니 만코 녯사ᄅᆞᆷ이 ᄇᆞ람을 막노라 법졔를 잘 내엿더라

뜻풀이

집 흥정도 소 주고 매매하되 큰 집에는 소와 줌이나 하고, 작은 집에는 두세 결이나 주니 그 집이 사방에 목책 하고 밖에 버들로 울타리를 두르고 밋밋한 서너 간이나 건너가는 좋은 잎갈나무 대목으로 지었으되, 용마룻대 속에 안방 네 간을 두 간씩 사이 막아 겹방으로 꾸미고 바깥방 두 간에 안쪽으로는 널 장지 세 간에, 여름에 들게 만들고 정주 서너 간이나 해서 삿자리 깔아 그 밑에 곡식 말리며 위에 나그네, 고공들 자고 일도 하고, 부엌 하나에 가마 둘 걸어 거기에서 불 넣으면 정주 지나 세 방이 한가지로 더우니 이상하고, 그 위에 노구솥 서넛을 아래 쇠 받쳐 놓고

---

247) 어한금화(禦寒禁火) : 추위와 화재를 막다.
248) 둥던 : 둔덕. 가운데가 솟아서 불룩하게 언덕이 진 곳.

그 곁에 등대 만들어 밤에 일할 제 불나무 쪼개 관솔 켜듯 하고 그 속에 외양간, 작둣간, 방앗간 다 있고, 겨울에 문 못 열고 불 때면 연기 꾀기에 집 마루 구멍 두고 집 위에 봇 덮고 흙 쌓아 두고 겨울에 네 벽을 소똥으로 발라 추위 막고 화재를 대비하고, 집 위에서 꼴도 베며 나무도 베며 나물도 캐며 장작도 쌓으며 짚 묵도 가리어 마당 쓰듯 하니, 겉으로 보면 성중에 집이 없는 듯하고 거친 둔덕이 무덕무덕 괴이하더니 들어가 보면 묘한 이치가 많고 옛사람이 바람을 막느라 격식에 맞게 잘 냈더라.

민속과 유풍

토속(土俗)이 소환(所患 : 우환) 있으면 의약 없어 감당치 아니한데 한증(汗蒸)과 똥물로 우기고, 호신(呼神)하되 무녀 복자(卜者)는 없고, '박사'란 것이 성풍(成風)해 조금 하면 소 잡아 굿하고, 제석(帝釋)에 발원(發願)하네, 시월에 상산 하네(고사 지내네), 달마다 초칠일(初七日) 지신제(地神祭) 하네, 거리굿 하네, 푸념은 남 빌리지 아니하고 사람마다 손수 하다가 죽어지면 지관(地官) 없이 택일도 못하고 9일 만이나 7일 만이나 즉시 봇장(葬)으로 하니 도리어 경편(輕便)한 도리더라.

사시가절이 지나도 정조(正朝)에 권모(權謀 : 계책)가 있는가, 상원(上元)에 약밥이 있는가, 삼일(三日 : 삼진날)에 산병(散餠 : 삼진날 먹는 떡)이 있는가, 팔일(八日 : 4월 초파일)에 느티떡이 있는가, 단오에 앵두가 있는가, 유두(流頭)에 수단(水團)이 있는가, 추석에 을녀떡(올벼떡)이 있는가, 구일(九日)에 국화절(菊花節)이 있는가, 동지에 팥죽이 있는가, 명일(名日)이 가는 둥 오는 둥 모르니, 짐짓 망세간지(忘世間之) 갑자(甲子) 요중에 좋은 것이 천원(泉源 : 샘물의 근원)이 높아 물맛이 청렬(淸冽)

하고, 잡곡이 귀치 아니하여 밥이 흔하고, 사면이 막혀 병란 도적이 미치지 않을 데요, 경신(京信 : 서울 소식)이 멀어 시비영욕(是非榮辱)을 잊을 곳이니, 실로 은자(隱者)의 소반선(所盤旋 : 은거지)이라. 고객(孤客)의 이친정경(離親情景 : 모친을 떠난 마음) 곧 아니면 인거피세(因居避世 : 거처한 곳으로 인해 세상을 피함) 하염직하고, 각곡(各穀) 소채(蔬菜)까지 견강하되 정기(精氣) 많은 것을 먹고, 사람이 고량(膏粱)에 병들지 아니하기에 백 세 구십 사는 이 많고, 여인이 복중에 기름지지 아니하기에 생산을 잘해 수십 자녀 둔 이 흔하고 육십 다다른 노인이 십여 세 여자를 얻어 열 자식을 낳은 이 있으니 실로 이상해, 귀천 간 아들 없는 형세에 혈속(血屬)을 얻으면 10년 설곡에 통국이도 두었으니 대해의리(大害義理) 아니하되, 일읍(一邑)에 무비 삼색 노비(無非三色奴婢)요, 백성이 적을 뿐 아니라 이곳 생계 망단(望斷)하기에 걸리면 아니 떨어져 한 지아비에게 서넛이 엄부렁 붙들고 있기에 새아기(처녀)는 쉽지 아니하고, 하말어미(홀어미)도 공한(空閑)한 이 없더라.

원문

　토쇽이 소환 이시면 의약 업서 당치 아니ᄒᆞ딕 한즁과 ᄶᅩᆼ 물노 욱기고 호신ᄒᆞ되 무녀 복쟈는 업고 박ᄉᆞ란 거시 셩풍ᄒᆞ여 됴곰 ᄒᆞ면 쇼 잡아 굿ᄒᆞ고 제셕249)에 발귈ᄒᆞ니250) 십월에 샹산 ᄒᆞ니251) 둘마다 초칠일 지신제252) ᄒᆞ니 걸이굿 ᄒᆞ니 프넘253)은 놉 비지 아니ᄒᆞ고 사ᄅᆞᆷ마다 손조 ᄒᆞ다가 죽어지면 지관 업시 퇵일도 못ᄒᆞ고 구일 만에나 칠일 만에나 즉시 봇장254)으로 ᄒᆞ니 도로혀 경편ᄒᆞᆫ 도니러라

　ᄉᆞ시가졀이 디나도 정됴255)의 권모가 잇ᄂᆞᆫ가 샹원의 약

---

249) 제석 : 제석(帝釋). 무당이 모시는 신의 하나. 집안사람들의 수명, 곡물, 의류 및 화복에 관한 일을 맡아본다고 한다.

250) 발귈ᄒᆞ니 : '발괄하다'는 '신령이나 부처에게 구원을 빌다'라는 뜻이다.

251) 십월에 샹산 ᄒᆞ니 : '시월 상산'은 음력 10월에 추수를 끝내고 하늘에 고사 지내던 의식이다.

252) 지신제 : 지신제(地神祭). 땅을 다스리는 신령께 지내는 제사.

253) 프넘 : 푸념. 굿을 할 때 무당이 신의 뜻을 받아 옮겨 정성 들이는 사람에게 꾸지람을 늘어놓는 말.

254) 봇장 : 석관을 쓰지 않고 봇나무 껍질로 장사를 지냄.

255) 정됴 : 정조(正朝). 정월 초하룻날.

밥이 잇는가 삼일에 산빙256)이 잇는가 파일에 눗틔257)가 잇는가 단오에 잉도가 잇는가 뉴두에 슈단258)이 잇는가 츄셕에 을여쎡259)이 잇는가 구일에 국화졀260)이 잇는가 동지에 풋쥭이 잇는가 명일이 가는 동 오는 동 모르니 진짓 망셰간지 갑즈 요등에 됴흔 거시 쳔원이 놉하 물 맛시 쳥렬ᄒᆞ고 잡곡이 귀치 아니ᄒᆞ여 밥이 흔ᄒᆞ고 ᄉᆞ면이 막혀 병난 도적이 밋지 아닐 듸오 졍신이 멀어 시비영욕을 니즐 곳이니 실노 은쟈의 소반션261)이라 고긱의 니친졍경 곳 아니면 인거피셰ᄒᆞ염즉ᄒᆞ고 각곡 소치ᄉᆞ지 견강ᄒᆞ되 졍긔 만흔 거슬 먹고 사ᄅᆞᆷ이 고냥262)에 병드지 아니키에 빅셰 구십 사는 이 하고 녀

---

256) 산빙 : 산병(散餠). 삼짇날 해 먹는 떡.

257) 눗틔: 느티떡. 느티나무의 연한 잎을 쌀가루에 섞어서 찐 시루떡.

258) 슈단 : 수단(水團). 쌀가루나 밀가루를 반죽해 경단같이 만들어서 삶은 후에 냉수에 헹궈 물기가 마르기 전에 꿀물에 넣고 실백잣을 띄운 음식.

259) 을여쎡 : '올벼떡(올벼로 만든 떡)'으로 보인다.

260) 국화졀 : 중양절(重陽節). 음력 9월 9일로 국화주를 담가 먹는다.

261) 소반션 : 소반선(所盤旋). 길이나 강이 구불구불하게 빙빙 돌아 나 있는 곳.

인이 복둥에 길음디지 아니키에 싱산을 잘ㅎ여 수십 ᄌ녀 둔
이 흔ㅎ고 뉵십 다들은 노인이 십여 셰 녀ᄌ를 어더 열 ᄌ식
을 나흐니 이시니 실노 이샹ㅎ여 귀쳔 간 아들 업슨 형셰에
혈쇽을 어드면 십 년 셜곡에 통국이도 두어시니 대해의니 아
니ㅎ되 일읍에 무비 샴싁 노비오 빅셩이 젹을 분 아니라 이
곳 싱계 망단ㅎ기에 걸니면 아니 쩔러져 흔 지아비게 서너히
엄부러 붓들고 잇기에 새아기263)는 쉽지 아니ㅎ고 ㅎ물어
미264)도 공한흔 이 업더라

뜻풀이

    토속에 우환이 있으면 의원과 약국이 없어 감당할 수
없는데 찜질과 똥물로 우기고, 신을 부르되 무당과 점쟁이
는 없고, '박사'란 것이 풍속을 이루어 조금 하면 소 잡아
굿하고, 하늘에 발원(發願)하네, 시월에 고사 지내네, 달
마다 초칠일에 지신제 하네, 거리굿 하네, 푸넘은 남 빌리

---

262) 고냥 : 고량진미(膏粱珍味). 기름진 고기와 좋은 곡식으로 만든
맛있는 음식.
263) 새아기 : 시집갈 나이가 된 젊은 여자 또는 갓 시집간 사람.
264) ㅎ물어미 : 홀어미.

지 않고 사람마다 손수 하다가 죽으면 지관(地官) 없이 택일도 못하고 9일 만이나 7일 만이나 즉시 봇장으로 하니 도리어 손쉽고 편한 방식이더라.

   사시가절이 지나도 정조(正朝)에 계책이 있는가, 상원(上元)에 약밥이 있는가, 삼짇날에 떡이 있는가, 4월 초파일에 느티떡이 있는가, 단오에 앵두가 있는가, 유두에 수단이 있는가, 추석에 올벼떡이 있는가, 중구절에 국화절(菊花節)이 있는가, 동지에 팥죽이 있는가, 명절이 가는 둥 오는 둥 모르니, 짐짓 세상을 잊고 지내는 것 중에 좋은 것이 샘물의 근원이 높아 물맛이 차고 맑으며, 잡곡이 귀하지 않아 밥이 흔하고, 사면이 막혀 병란 도적이 미치지 않을 데요, 서울 소식이 멀어 시비영욕을 잊을 곳이니, 실로 은자(隱者)의 은거지라. 외로운 나그네의 모친을 떠난 마음이 곧 아니면 거처한 곳으로 인해 세상을 피함 직하고, 여러 곡물 채소까지 단단하되 정기 많은 것을 먹고, 사람이 기름진 고기와 좋은 곡식에 병들지 아니하기에 백 세 구십 세 사는 이 많고, 여인이 복중(腹中)에 기름지지 않기에 생산을 잘해 수십 자녀 둔 이 흔하고 육십 다다른 노인이 십여 세 여자를 얻어 열 자식을 낳은 이 있으니 실로 이상해, 귀천 간 아들 없는 형세에 혈통을 이어갈 자식을 얻으면 10년 설곡에 통국이도 두었으니 의리에 해가 되지 않되, 일읍(一邑)에 각색 노비가 있고, 백성이 적을 뿐 아니라 이곳 생계가 어쩔 수 없으면 안 떨어져 한 지아비에게 서넛이 엄부렁 붙들고 있기에 처녀는 쉽지 않고, 홀어미도 한가한 이 없더라.

육아와 인사 예절

 왕래하는 사람들이 거뭇거뭇 벌거벌거한 갓나희도(여자아이도) 도령 아이(남자아이) 물론(勿論)하고 안거니 지거니 위신(委身)해 다니다가 그 아이 소불여의즉(小不如意則 : 조금이라도 뜻이 다르면, 곧) "울음이야, 속앓이야, 엄마 엄마, 아버지 아버지" 하고, 작폐하면(시끄럽게 울면) 미처 못 달래어 "윗지야 윗지야 윗지야(어찌할까, 어찌할까, 어찌할까), 아지 아지 아지, 이 아이, 저 아이 내 아들아 내 자식아" 엎어질까 부러질까, 온갖 소리로 업어, "곤양이(고양이), 허허(망아지), 벼알이(병아리) 꼬둑(강아지) 꼬둑 꼬둑이가 내 업자 업자 업자" 해서 갓난아이처럼 양(養)해서, 아이 적에 가르치지 않고, 키워 나면 제 대센 체하고 벌어서 부모 먹일 줄 모르니 저만 책망을 못해 부모의 탓이러라.

 길에서 사람이 서로 마주치면 달려들어 궁둥이 낮추고 이마 맞닥쳐 절하며 첫말이 "요즘 어찌 지내시오?" 하면 "추워 어찌 오데?" 하거든 "춥지 아니하오" 하니, 우습되 토풍(土風)이 고박(古朴)해 접대가 과공(過恭)하고 북인(北人)이 내한(耐寒)하기에 문답이 예담(例談)이더라(격식에 맞더라).

원문

　왕닉ᄒᆞᄂᆞ 사름들이 검어검어265) 벌거벌거ᄒᆞᆫ266) ᄀᆞᆺ나희도 도녕 안희 물논ᄒᆞ고 안거니 지거니 위신ᄒᆞ여 둣니다가 그 아희 쇼블여의즉 울음이야 속알이야 아마 아마 아바지 아바지 ᄒᆞ고 작폐ᄒᆞ면 밋처 못 달애야 윗지아 윗지아 ᄋᆞ쟈 ᄋᆞ쟈 ᄋᆞ쟈 이아 져아 내˘ 아들아 내 ᄌᆞ셕이 업쳐지리라 붉어지리라 온갓 소리로 어버 곤양이267) 허허268) 벼알이269) 쇠둑270) 쇠둑 쇠둑이가 내˘ 업쟈 업쟈 업쟈 ᄒᆞ여 ᄀᆞᄌᆞ난아희271) 쳐로 양ᄒᆞ여 아휜 제 ᄀᆞᄅᆞ치지 아니ᄒᆞ고 킈워 나면 제 대신 쳐

---

265) 검어검어 : 매우 거먼.
266) 벌거벌거ᄒᆞᆫ : 매우 벌건.
267) 곤양이 : 고양이.
268) 허허 : 망아지 부르는 소리.
269) 벼알이 : 병아리.
270) 쇠둑 : 강아지.
271) ᄀᆞᄌᆞ난아희 : 갓난아이.

만 ᄒᆞ고 버을어 부모 먹일 줄 모르니 저만 칙망을 못ᄒᆞ여 부모의 탓실너라

길희셔 사름이 서로 맛븟ᄒᆞ면 늘녀 들어 궁동이 눗초고 니마 맛다혀 절ᄒᆞ며 쳣말이 이쁠이272) 엇지 디내시오 ᄒᆞ면 칩어 윗지 오데 ᄒᆞ거든 칩지 아니ᄒᆞ오 ᄒᆞ니 웃부되273) 토풍이 고박ᄒᆞ여 졉딕가 과공ᄒᆞ고 북인이 내한ᄒᆞ기예 문답이 녜 담이러라

뜻풀이

왕래하는 사람들이 검고 붉은 여자아이와 남자아이 물론하고 안거니 지거니 몸을 맡겨 다니다가 그 아이가 조금이라도 뜻이 다르면 "울음이야, 속앓이야, 엄마 엄마, 아버지 아버지" 하고, 시끄럽게 울면 미처 못 달래어 "어찌할까, 어찌할까, 어찌할까, 아지 아지 아지, 이 아이, 저 아이 내 아들아 내 자식아" 엎어질까 부러질까, 온갖 소리로 업어, "고양이, 망아지, 병아리, 강아지 강아지 내 업자 업자 업자" 해서 갓난아이처럼 길러, 아이 적에 가르치지 않고,

---

272) 이쁠이 : 이쎄. '요즘'을 의미한다.
273) 웃부되 : 우습되.

키워 나면 자기의 뜻을 굽히지 않는 체하고 벌어서 부모 먹일 줄 모르니 저만 책망을 못해 부모의 탓이러라.

    길에서 사람이 서로 마주치면 달려들어 궁둥이 낮추고 이마 맞대어 절하며 첫말이 "요즘 어찌 지내시오?" 하면 "추워 어찌 오데?" 하거든 "춥지 아니하오" 하니, 우습되 토풍이 예스럽고 질박해 접대가 넘치고 북쪽 사람이 추위를 견디기에 문답이 격식에 맞더라.

갑산의 상황 및 실태 그리고 제언

 백성이 제 고을 기리는 것이 예사이거니와 월름(月廩 : 월 급여) 잡곡으로 수십 석(數十石)에서 겨우 남겨서 피물(皮物) 약(藥) 삼(蔘) 양이나 사 갈 것을 보고 외양한가(소나 말을 기르는가) 여겨 우리 원님 소덕(所德) 있다 하되, 관청이라 하고 어염(魚鹽 : 해산물)이 있는가, 유청(乳淸)이 있는가, 반찬 없는 밥을 조석(朝夕)에 먹고, 가묘(家廟)를 모셔 오는가, 내권(內眷 : 아내)을 데려오는가, 과객(過客) 친구를 얻어 보는가, 공사(公事) 없이 적막히 있어 대(對)한 것이 협읍(峽邑) 향삼(鄕蔘)의 즉탕(鯽湯 : 붕어탕)이요, 사환(使喚)이, 산금야수(山禽野獸)에 통인(通引 : 수령의 잔심부름꾼)뿐이니, 귀양지에서 나가지 못하고 극변중지(極邊重地 : 변방)에 파벽황성(破壁荒城 : 황폐한 변성)을 맡아 14사(社) 수천 잔호(數千殘胡)와 오육진(五六鎭) 고군약졸(孤軍弱卒)을 거느리고, 각고(各庫)에 전목(錢木 : 돈과 포목)이 있는가, 절정(絶頂)에 선로(線路)도 막힌 곳이니, 탈유완급(脫有緩急)에(기강이 해이한) 무슨 병력으로 방비를 하며 졸당흉년(猝當凶荒)하면 어찌 변(變)해서 구제를 할까. 대박(大樸)이 미산(未散)해

(꾸밈이 없고 진실한 기풍이 남아 있어) 풍속이 질야(質野)하고 왕화절원(王化絶遠)해(임금의 교화가 끊겨) 견문이 고루하고 신역(身役)이 없어 일생이 편하기에 재주 닦아 발신(發身)할 줄을 몰라 선비가 글 읽어 친상사장(親上事長)할(웃어른을 공경할)줄 아는가, 호반(虎班 : 무인)이 활 익혀 허신보국(許身輔國)할 줄 아는가, 농부가 출분근경(出糞勤耕)해 관가(官家) 보용(補用)할 줄을 아는가, 공장(工匠)이 기용제작(器用制作)해 유무상자(有無相資)할 (있는 것으로 없는 것을 보충할) 줄 아는가, 아전이 문보(文譜)를 배워 소지(訴紙) 적을 줄을 아는가, 기생이라 하니 가무조습(歌舞調習)해 사객접대(使客待接)할 줄 아는가, 교법(敎法 : 가르치는 법)이 불행(不行)해[행해지지 않아] 풍속이 해이하니 우맹(愚氓)만 책망을 못하며, 조정이 대변통을 하시어 병영을 이리 옮기거나 유풍력(有風力)한 (능력 있는) 문관을 승자(陞資)하는 자리로 만들고 병법 익은 명무(名武)로 낙점(落點) 중군(中軍)을 보내어, 선비는 교관(敎官)을 두어 향천(鄕薦)을 하고 호반(虎班)은 구근(久勤)을 써(오래 근무함으로써) 변장(邊將)을 하며, 무명과 소금을 구획(求獲)해 많이 저축하고, 시재상급(試材賞給)도 하며(상으로 주며) 요리구황(料理救荒)을 하면 (흉년에 구휼하면) 일경(一境)이(일시에) 흥회(興懷)해

(감격해) 문무 구비(文武具備)하는 도리 있고 변쇠(邊衰) 일쇠(逸衰)되어(낡은 것이 없어짐에) 완급(緩急) 가시(可視)할러라.

원문

빅셩이 졔 고을 기리는 거시 녜시어니와 월름 잡곡으로 수십셕에셔 계유 남겨셔 피물 약 슴 냥이나 사 갈 거슬 보고 왜양흐가274) 너겨 우리 원님 소덕 잇다 흐되 관청이라 흐고 어염275)이 잇는가 유쳥276)이 잇는가 반찬 업슨 밥을 됴셕의 먹고 가묘를 뫼셔 오는가 닉권을 드려 오는가 과긱 친구를 어더 보는가277) 공스 업시 격막히 이셔 딕흔 거시 협읍 향삼의 즉탕278)이요 스환이 산금야슈애 통인279) 분이니 귀향의

---

274) 왜양흐가 : '외양하다', 즉 '소나 말을 기르다'의 의미로 보인다. 의미상 매끄럽지 않다.

275) 어염(魚鹽) : 생선과 소금. 해산물.

276) 유쳥 : 유청(乳淸). 젖을 가만히 놓아두었을 때 위에 고이는 노르스름한 물로 젖당의 원료.

277) 어더 보는가 : '얻어 보다'는 '찾다', '줍다'를 뜻한다.

278) 즉탕(鯽蕩) : 붕어탕.

셔해 낫지 못ㅎ고 극변즁지280)에 파벽황셩281)을 맛다 십수 샤282) 수쳔잔호와 오뉵진 고군약졸283)을 건으리고 각고에 젼목284)이 잇는가 졀졍에 션노도 막힌 곳이니 탈유완급285)에 무슨 병녁으로 방비를 ㅎ며 졸당흉황286)ㅎ면 엇지 변통ㅎ여 구졔를 홀고 대박이 미산ㅎ여287) 풍속이 딜야288)ㅎ고 왕홰졀원289)ㅎ여 문견이 고루ㅎ고 신역이 업서 일싱이 편ㅎ기예 지조 닥가 발신홀 줄을 몰나 션븨가 글넑어 친샹수

---

279) 통인(通引) : 수령(守令)의 잔심부름을 하던 구실아치.

280) 극변즁지 : 극변중지(極邊重地). 변방의 중요한 곳.

281) 파벽황셩 : 파벽황셩(破壁荒城). 무너진 벽, 황폐한 성.

282) 십수샤 : 당시 갑산은 14사(社)로 이루어졌다. 사는 행정 구역의 명칭으로, '이(里)'와 유사한 개념이다.

283) 고군약졸(孤軍弱卒) : 따로 떨어져 약한 군졸.

284) 젼목 : 젼목(錢木). 돈과 필목(疋木).

285) 탈유완급(脫遺緩急) : 느슨하고 급함이 밖으로 빠져나감. 군대의 기강이 해이함을 뜻하는 것으로 보인다.

286) 졸당흉황(猝當凶荒) : 졸지에 흉년을 당함.

287) 대박이 미산ㅎ여 : '대박미산(大樸未散)'은 본래의 꾸밈없고 진실한 기풍이 아직까지 남아 있음을 뜻한다.

288) 딜야 : 질야(質野). 순박하고 꾸밈이 없다.

289) 왕홰졀원 : 왕화절원(王化絶遠). 왕의 교화가 끊기고 멂.

댱290)홀 줄을 아는가 호반이 활 닉여 허신보국291)홀 줄을 아
는가 농부가 출분근경292)ᄒ여 관가보용293)홀 줄을 아는가
공쟝이 긔용졔작294)ᄒ여 유무샹ᄌ295)홀 줄을 아는가 아젼
이 문보를 빙화 소지296) 젹일 줄을 아는가 기싱 니로히 가무
됴습297)ᄒ여 ᄉ긱 딕졉홀 줄을 아는가 교법298)이 불횡ᄒ여
풍습이 히이ᄒ니 우밍299)만 칙망을 못 ᄒ여 됴졍이 대변통
을 ᄒ셔 병영을 이리 옴기거나 유풍녁(有風力)300)흔 문관을
승ᄌ301)ᄒᄂ 자리로 밍글고 병법 닉은 명무로 낙졈 듕군302)

---

290) 친샹ᄉ댱 : 친상사장(親上事長). 어른을 공경하고 받들다.

291) 허신보국(許身輔國) : 몸 바쳐 나라에 충성을 다함.

292) 출분근경 : (-勤耕) : 열심히 농사일을 함.

293) 관가보용(官家補用) : 관청에 재물을 보태다.

294) 긔용졔작 : 기용제작(器用制作). 기물을 만들다.

295) 유무샹ᄌ : 유무상자(有無相資). 있는 것과 없는 것으로 서로 돕다.

296) 소지(所志) : 청원이 있을 때 관아에 내던 서면(書面).

297) 됴습 : 조습(調習). 배워 익힘.

298) 교법(敎法) : 가르치는 방법.

299) 우밍 : 우맹(愚氓). 어리석은 백성.

300) 유풍녁 : 유풍력(有風力). 능력이나 위력이 있는.

을 보내여 션븨난 교관을 두어 향쳔303)을 ᄒᆞ고 호반은 구근304)을 뻐 변댱을 ᄒᆞ이며 무명과 소금을 구획ᄒᆞ여 만히 져튝ᄒᆞ고 시ᄌᆡ샹급305)도 ᄒᆞ며 뇨니구황306)을 ᄒᆞ면 일경이 흥회307)ᄒᆞ여 문무구비ᄒᆞᄂᆞᆫ 도니 잇고 변싀308) 일싀309)되여 완급 가시ᄒᆞᆯ너라

뜻풀이

백성이 제 고을 기리는 것이 예사이거니와 월 급여인 잡곡으로 수십 석에서 겨우 남겨서 가죽, 약, 삼, 양이나 사 갈 것을 보고 소나 말을 기르는가 여겨 우리 원님 덕을

---

301) 승ᄌᆞ : 승자(陞資). 정3품 이상의 품계에 오름.

302) 듕군 : 중군(中軍). 각 군영(軍營)에서 대장이나 절도사, 통제사 등의 밑에서 군대를 통할하던 장수.

303) 향쳔 : 향천(鄕薦). 고을의 인재를 추천함.

304) 구근(久勤) : 오래 근무함.

305) 시ᄌᆡ샹급 : 시재상급(試材賞給). 재목을 찾아 상을 줌.

306) 뇨니구황 : 요리구황(料理救荒). 흉년에 음식을 줌.

307) 흥회(興懷) : 감개(感慨)가 일어나다.

308) 변싀 : 변쇠(邊衰). 변해서 쇠퇴하거나 낡아짐.

309) 일싀 : 일쇠(逸衰). 낡은 것이 사라짐.

입었다 하되, 관청이라 해서 해산물이 있는가, 유청(乳淸)이 있는가, 반찬 없는 밥을 아침저녁에 먹고, 집안의 사당을 모셔 오는가, 아내를 데려오는가, 나그네 친구를 얻어 보는가, 공사 없이 적막히 있어 마주한 것이 산골 시골 삼(蔘)에 붕어탕이요, 관청의 잔심부름꾼, 산짐승 들짐승에 수령의 잔심부름꾼뿐이니, 귀양지에서 나가지 못하고 변방에 황폐한 변성을 맡아 14사(社) 수천 잔호(殘胡)와 오육진(鎭) 약한 군졸을 거느리고, 각 창고에 돈과 포목이 있는가, 산꼭대기에 선로(線路)도 막힌 곳이니, 기강이 해이한 무슨 병력으로 방비를 하며 갑자기 흉년이 되면 어찌 변통해 구제를 할까? 꾸밈이 없고 진실한 기풍이 남아 있어 풍속이 순박하고 임금의 교화가 끊겨 견문이 고루하고 부역과 군역이 없어 일생이 편하기에 재주 닦아 자신을 드러낼 줄을 몰라 선비가 글 읽어 웃어른을 공경할 줄 아는가, 무인이 활 익혀 몸 바쳐 충성할 줄 아는가, 농부가 농사일을 열심히 해 관가(官家)에 보탤 줄을 아는가, 장인이 기물을 만들어 있는 것으로 없을 것으로 보충할 줄 아는가, 아전이 글을 배워 청원 글을 적을 줄 아는가, 기생이라 하니 가무을 익혀 사신이나 객인을 접대할 줄 아는가, 가르치는 법이 행해지지 않아 풍속이 해이하니 어리석은 백성만 책망을 못하며, 조정이 크게 융통성을 발휘해 병영을 이리 옮기거나 능력 있는 문관을 높은 품계에 오르는 자리로 만들고 병법 익은 유능한 무장을 중군 장수로 뽑아 보내고, 선비는 교관을 두어 지역 인재를 추천하고 무반은 오래 근무함으로써 변방의 장수로 하며, 무명과 소금을 구해서 많이 저축하고, 상으로 주며 흉년에 구휼하면 일시에 감격해 문무가 함께 갖추는 도리가 있고 낡은 것이 없어짐에 급하고 급하지 않은 일에 성공을 볼 수 있으리라.

원문 영인 자료

국사편찬위원회에 소장된 필사본 원본이다.
오른쪽 위에서 왼쪽 아래로 읽으면 된다.

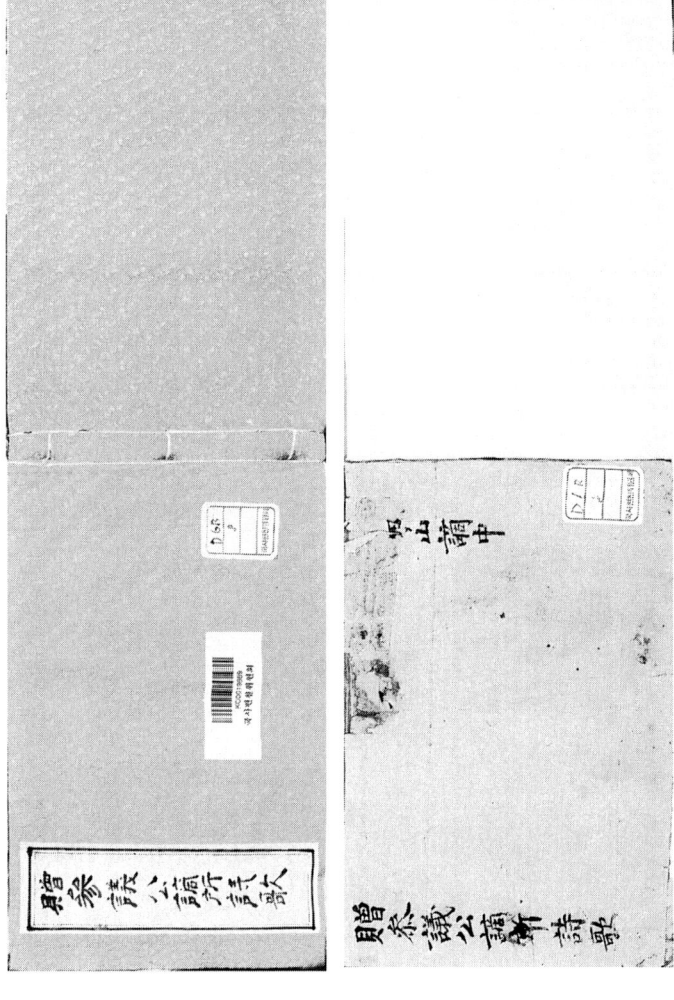

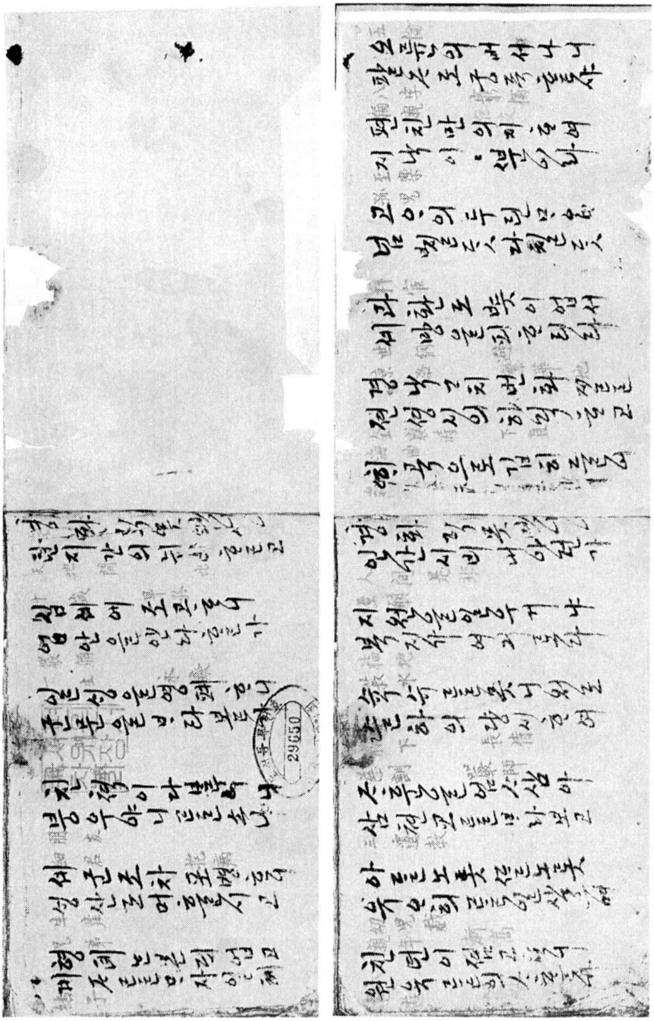

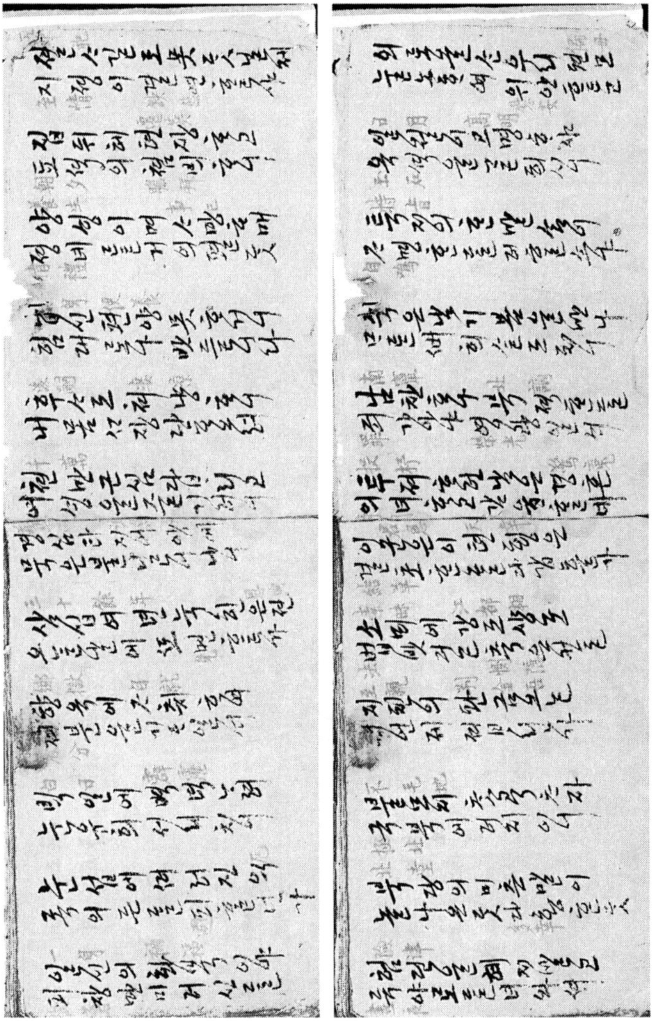

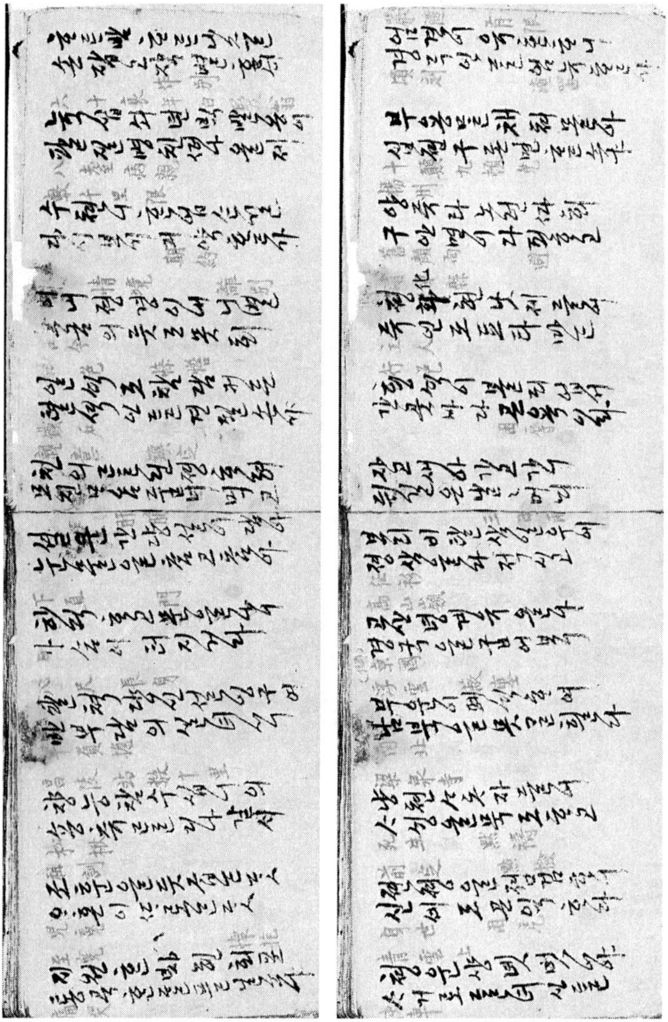

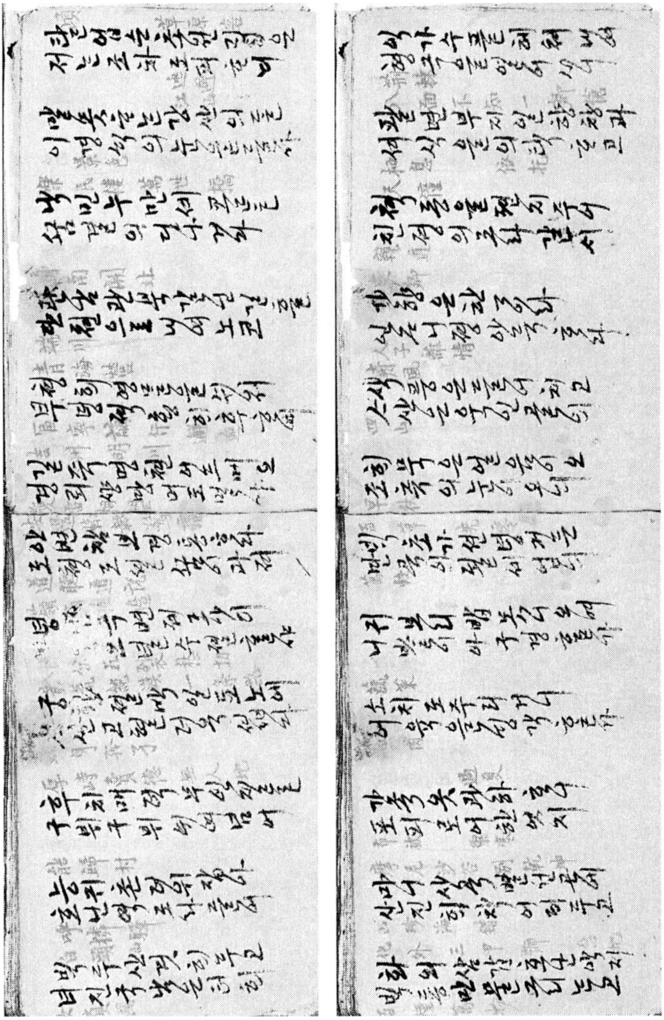

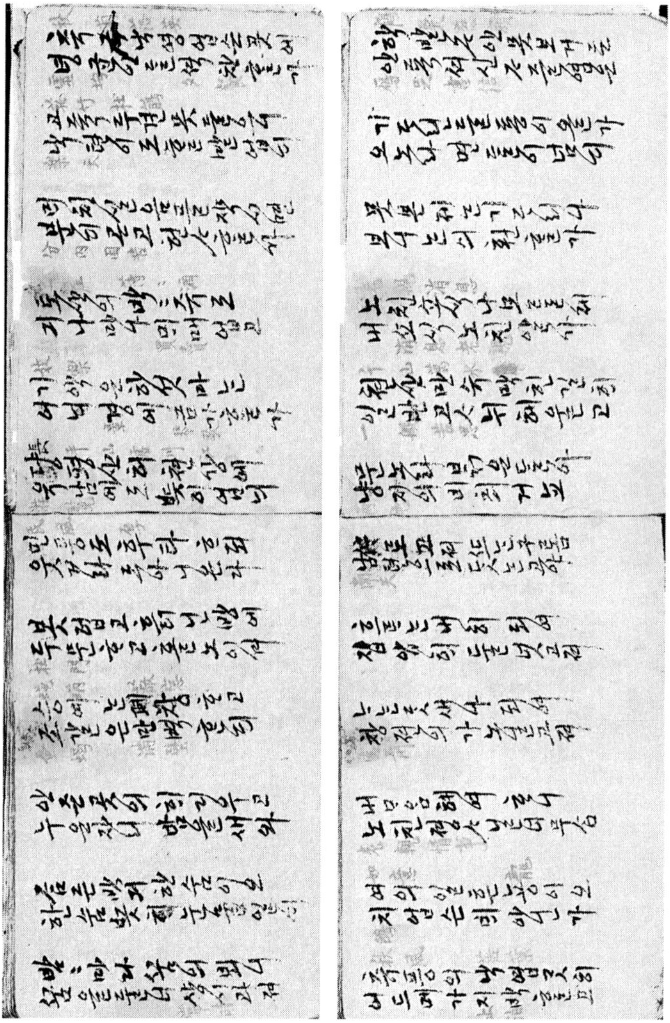

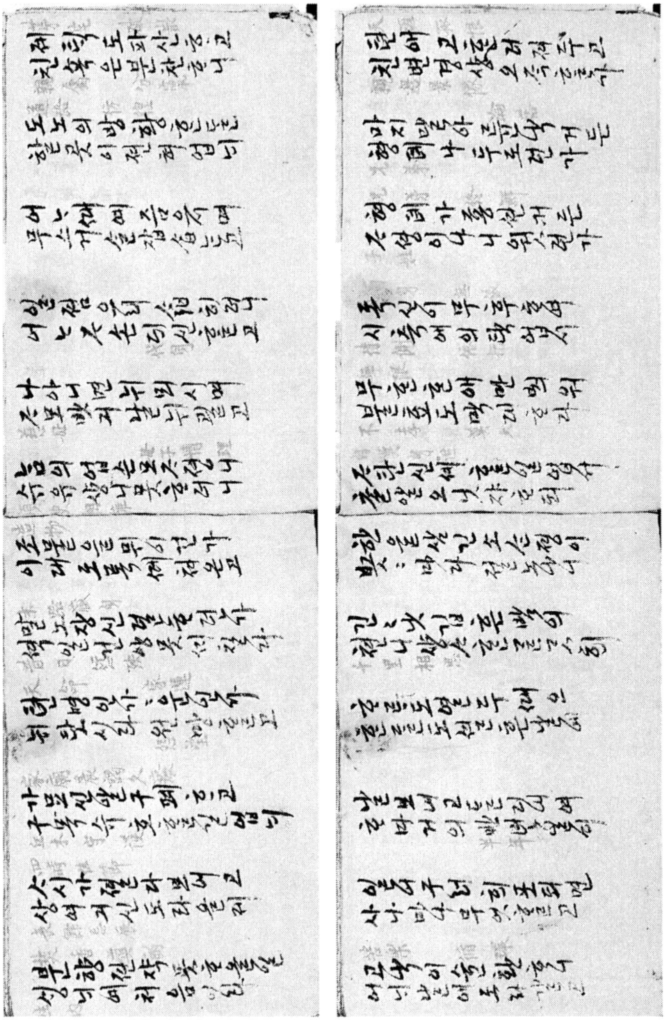

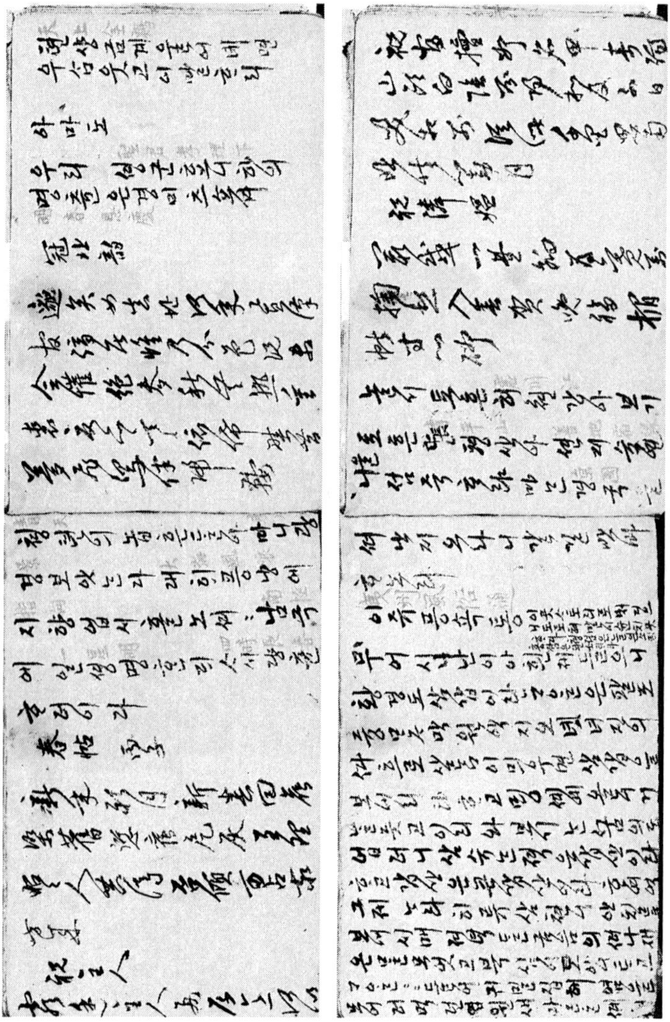

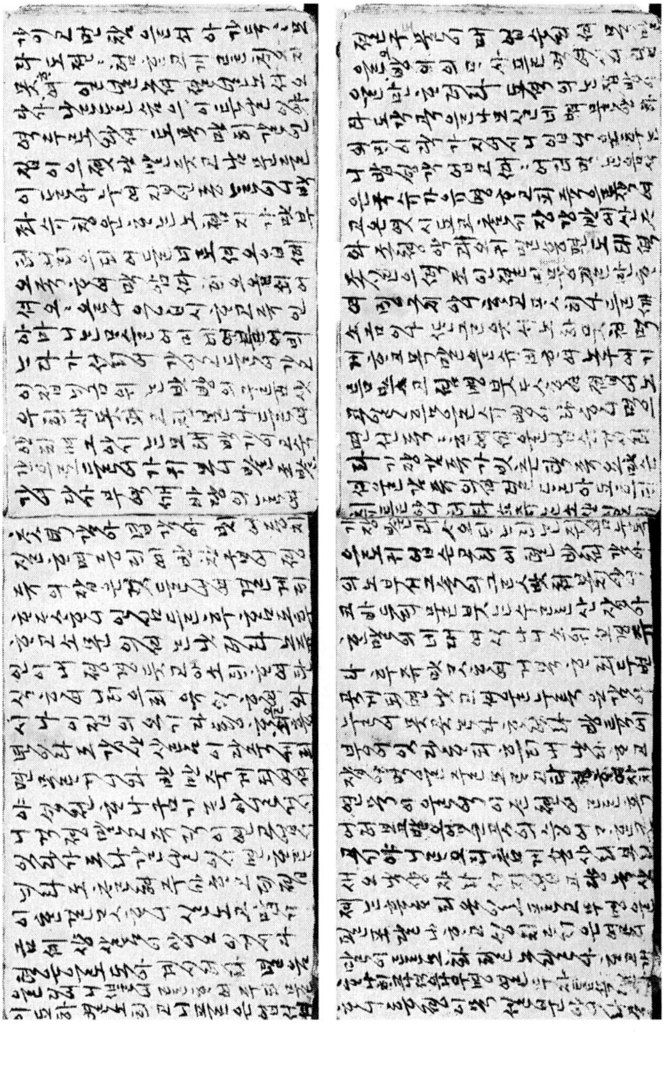

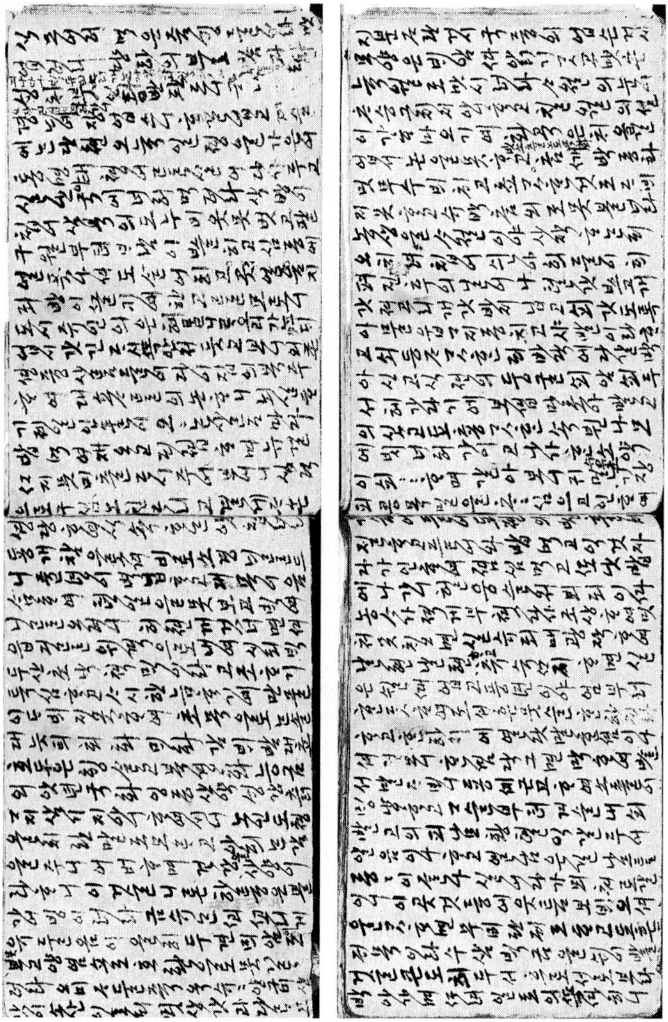

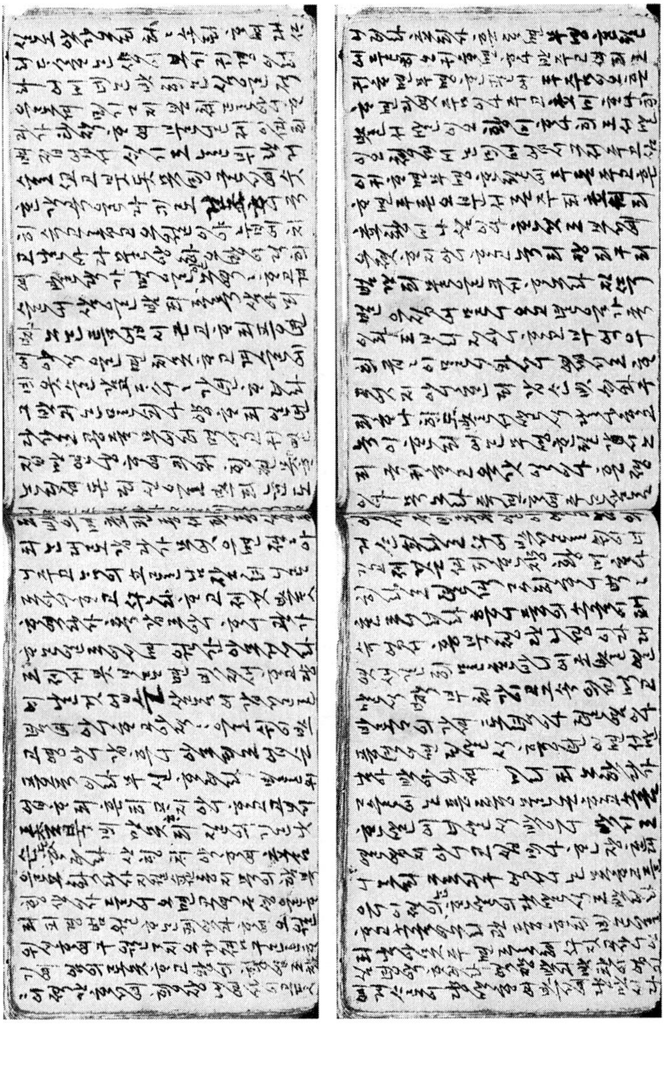

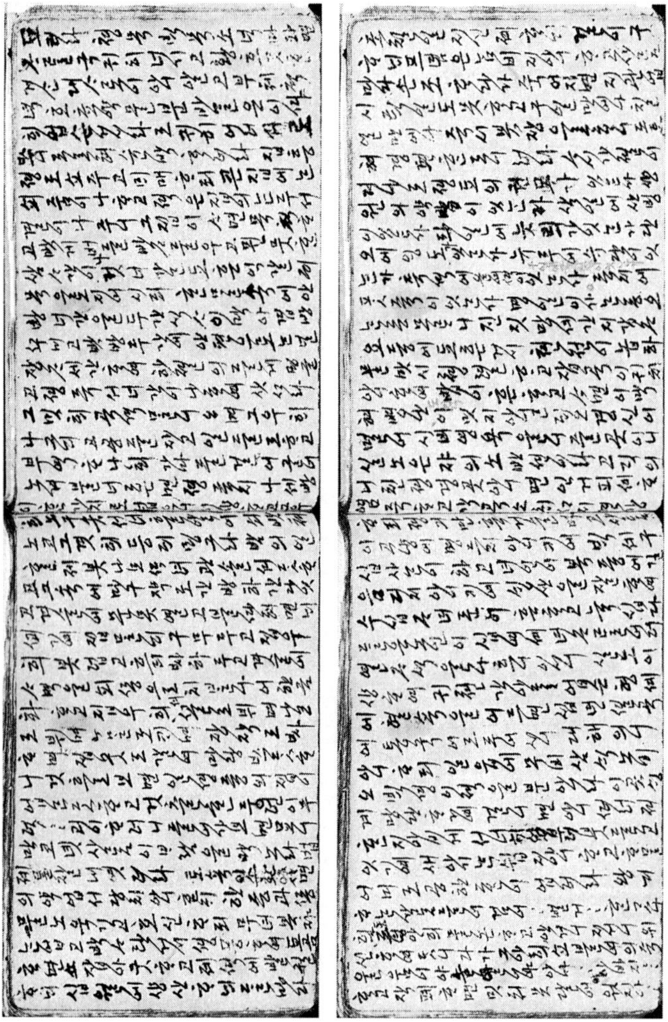

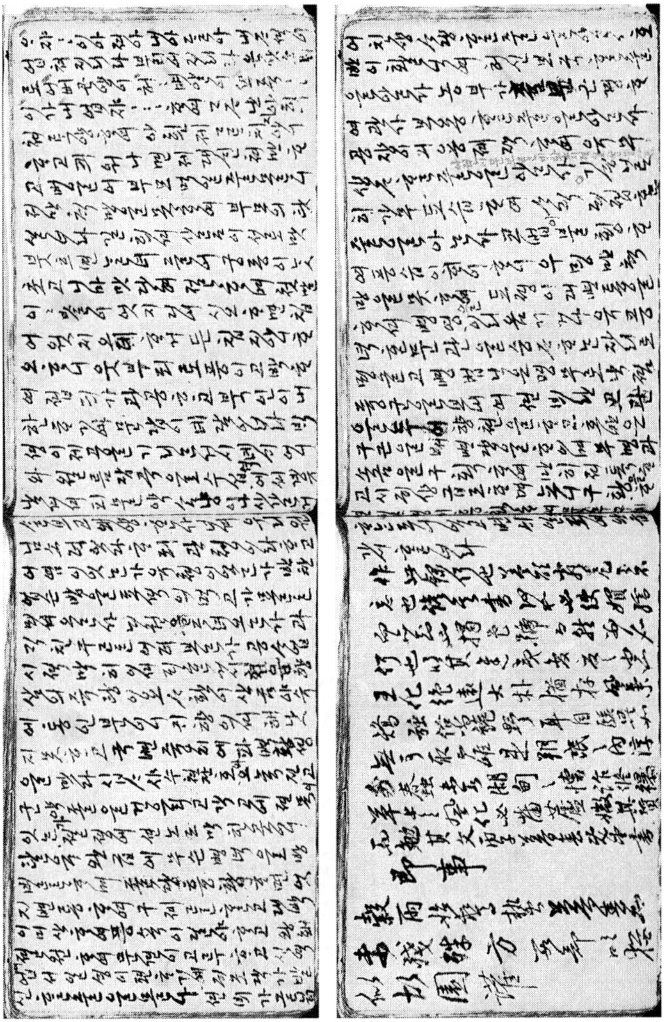

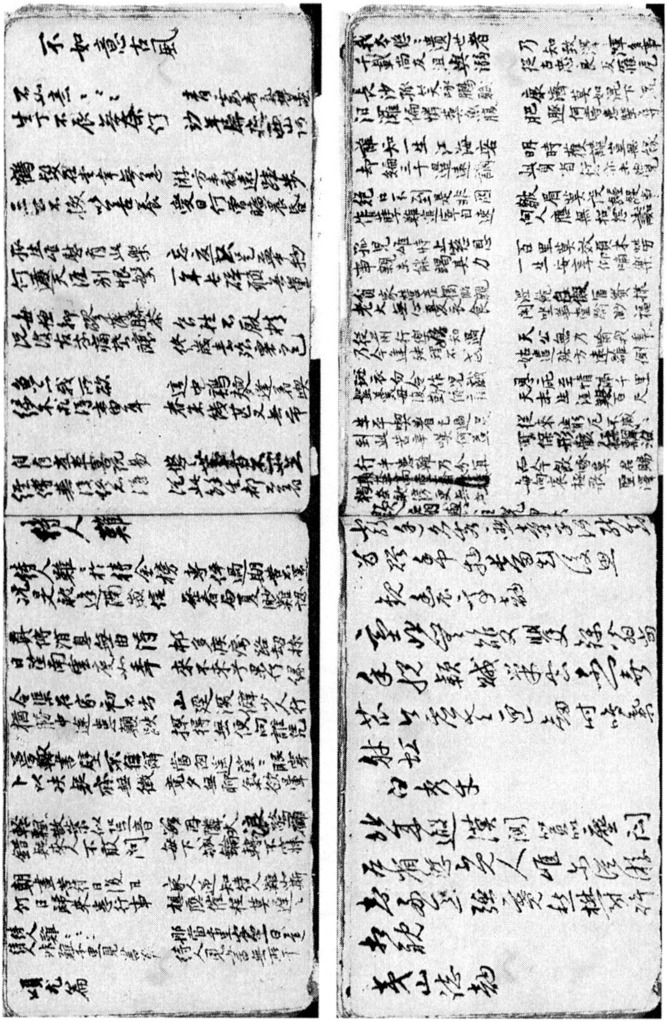

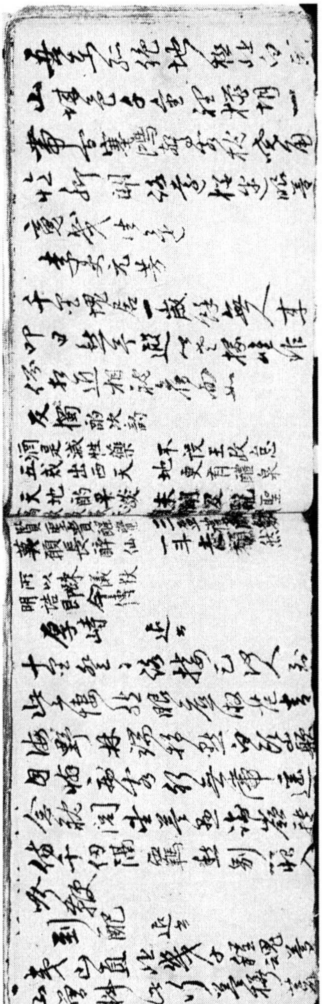
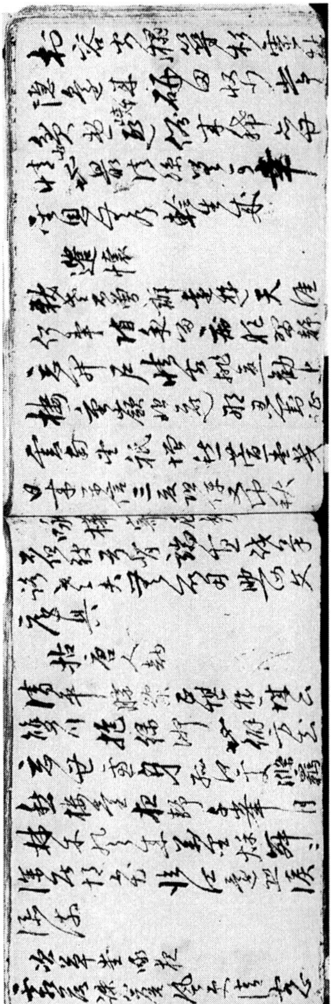

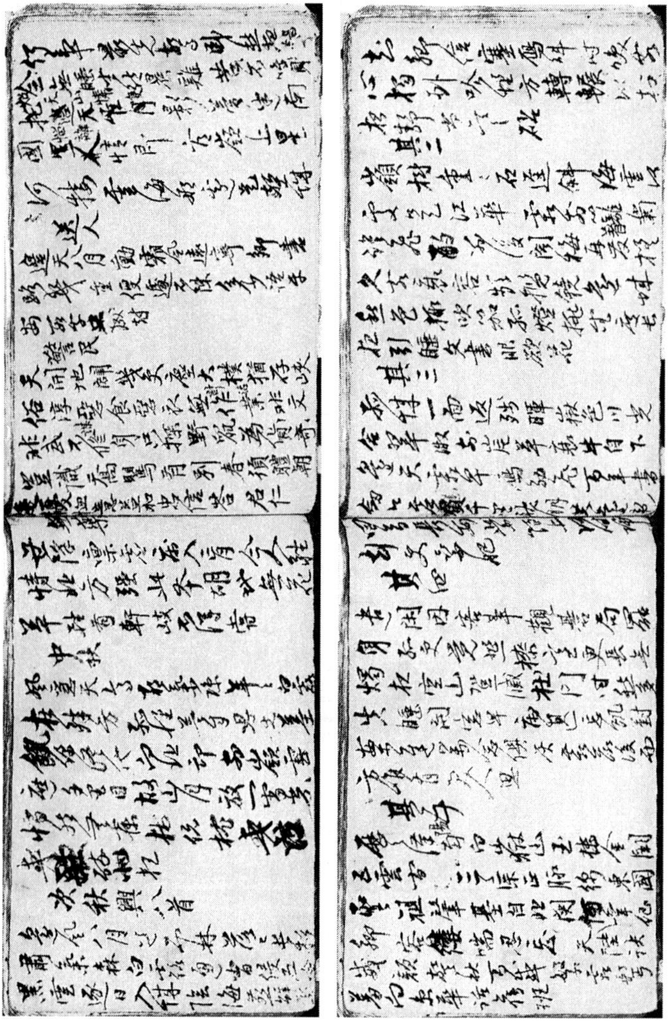

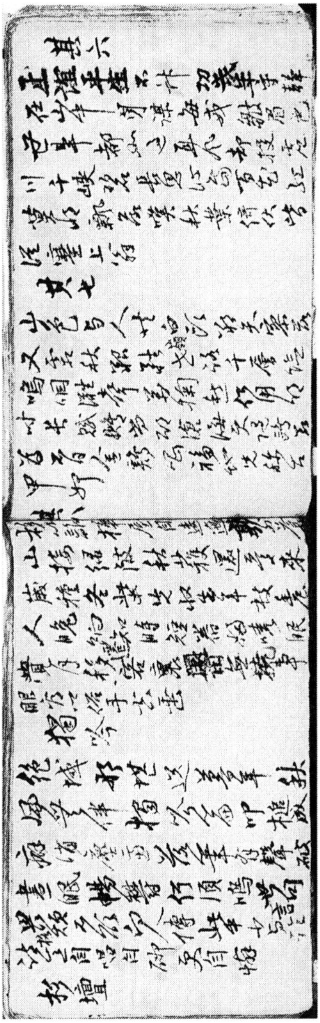

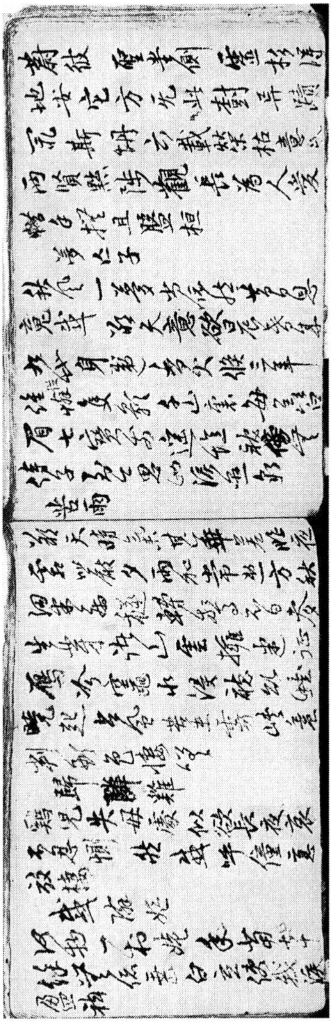

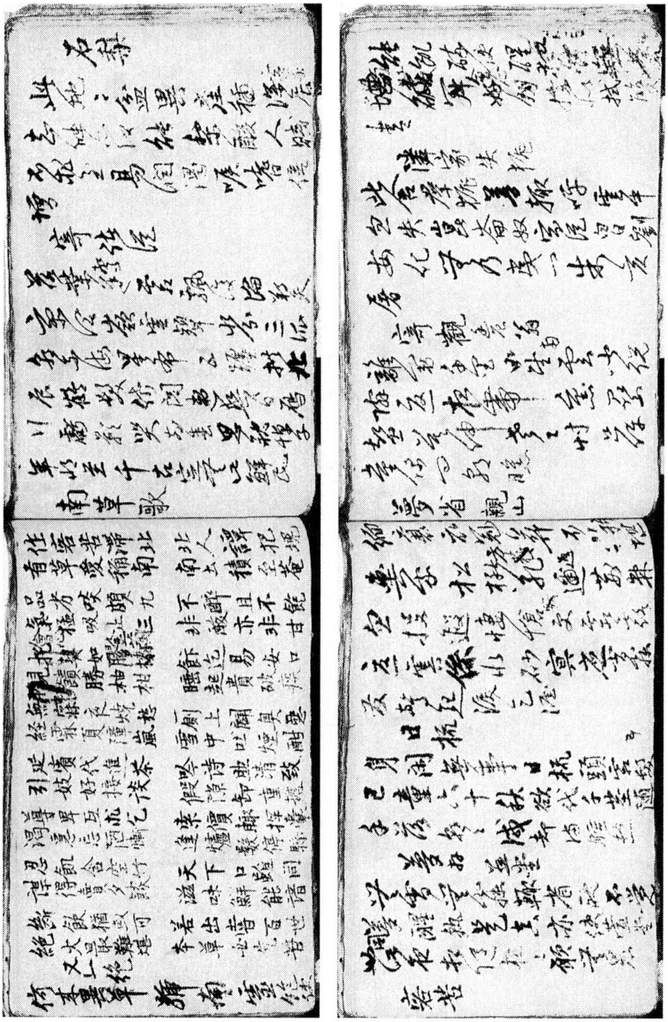

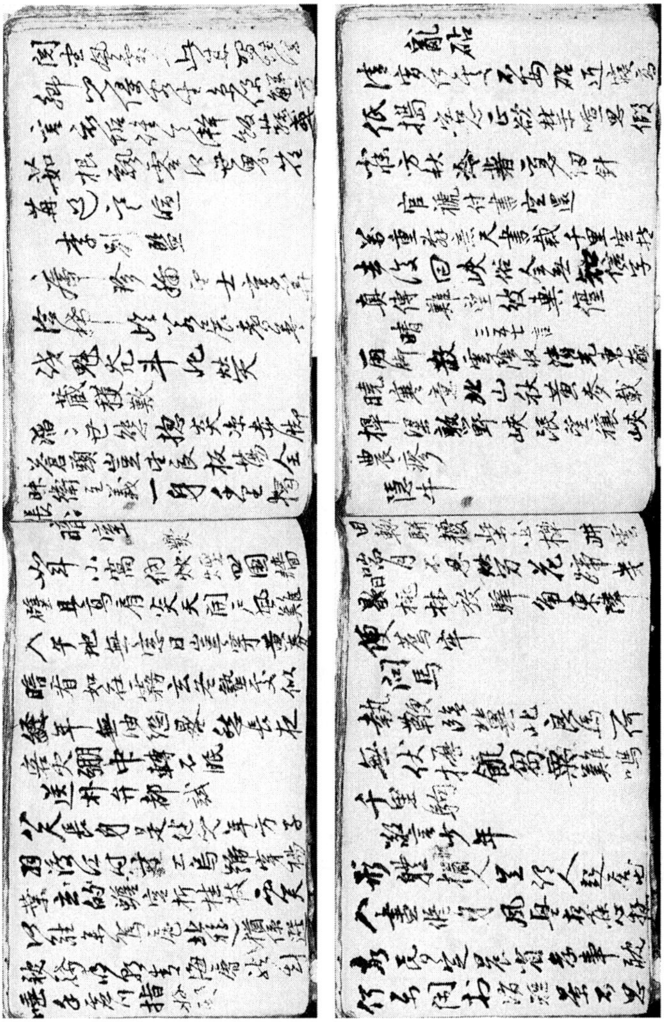

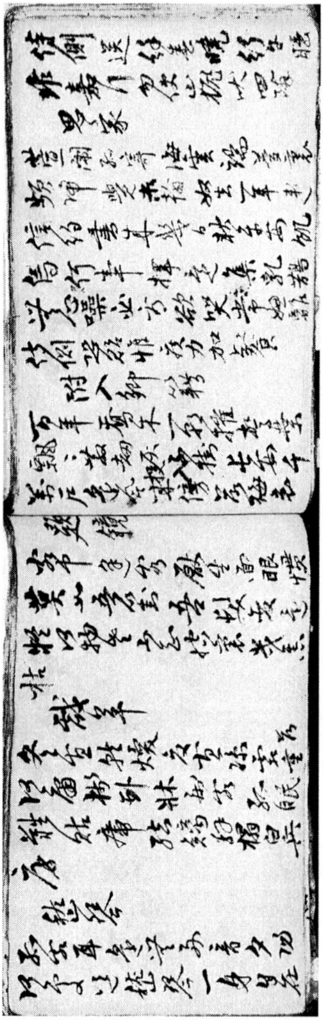

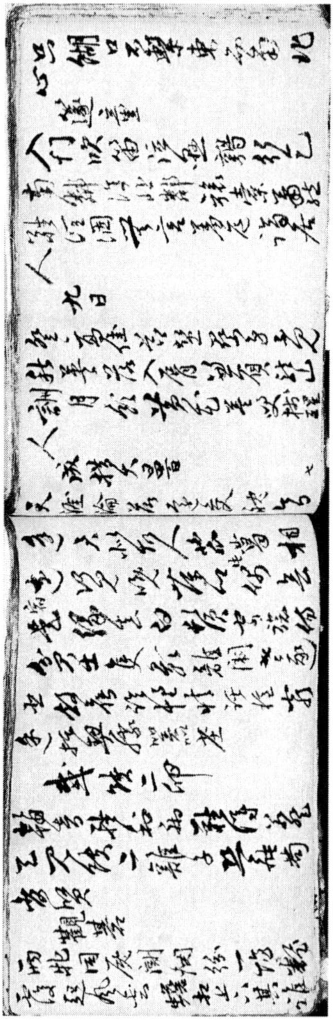

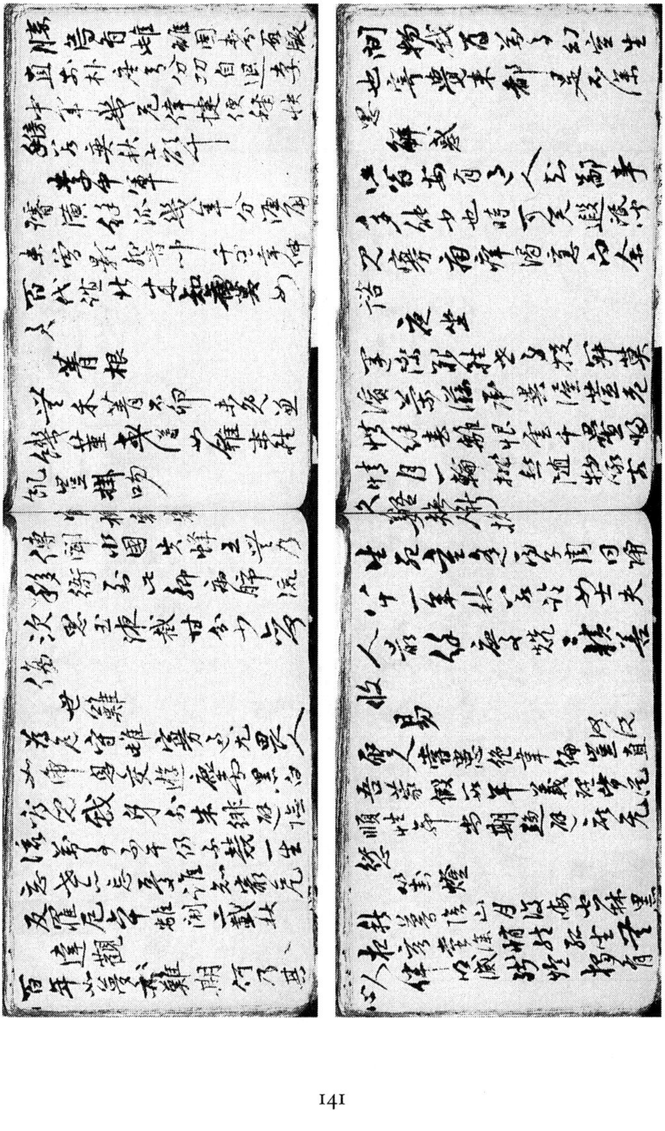

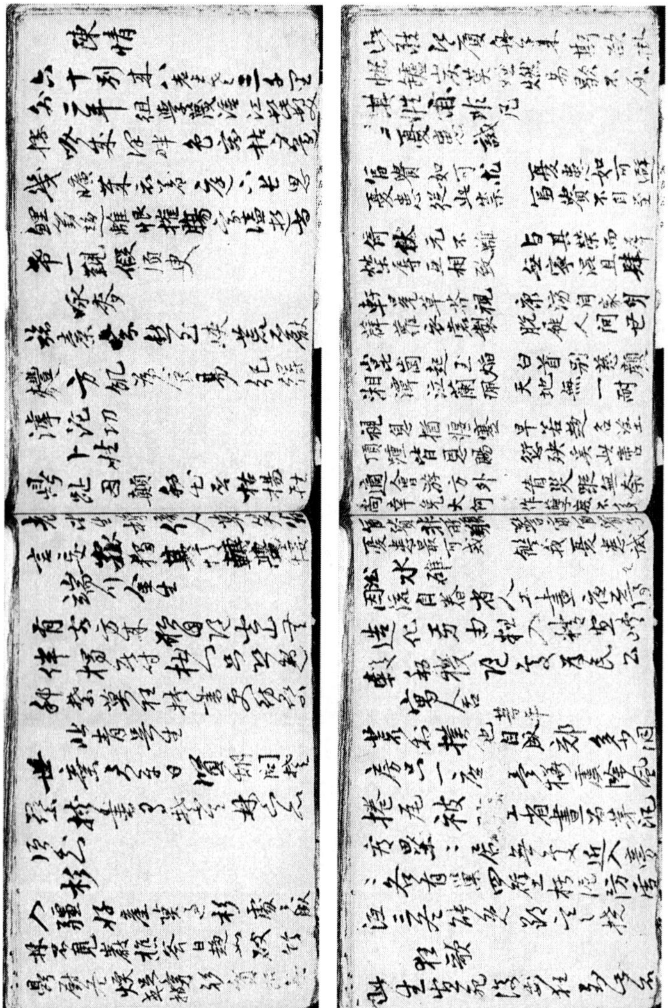

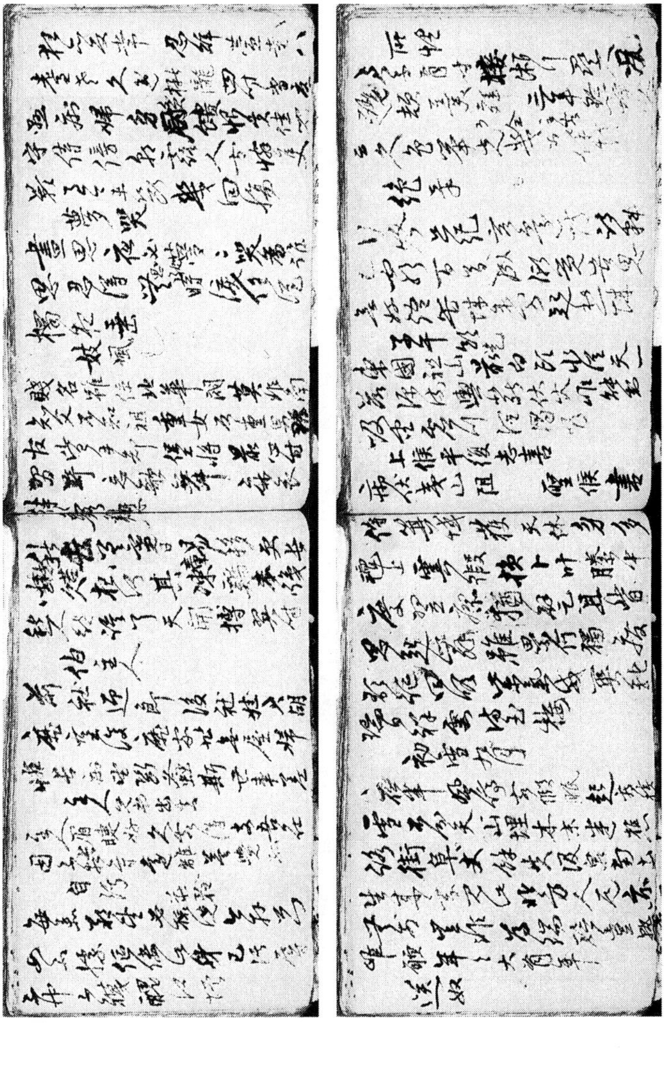

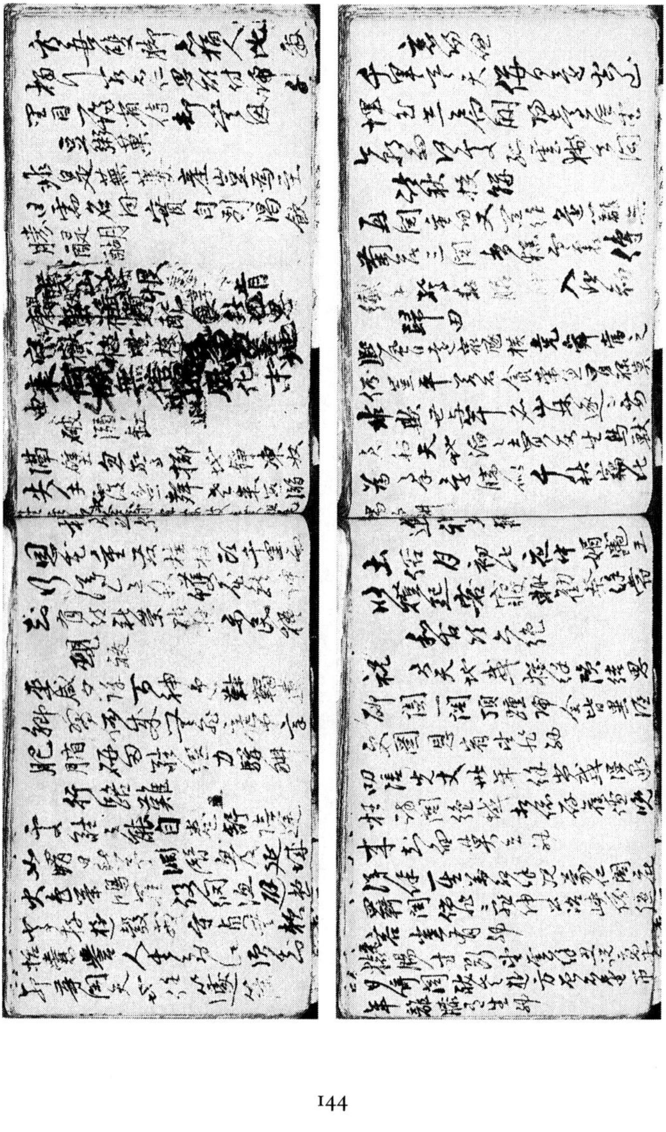

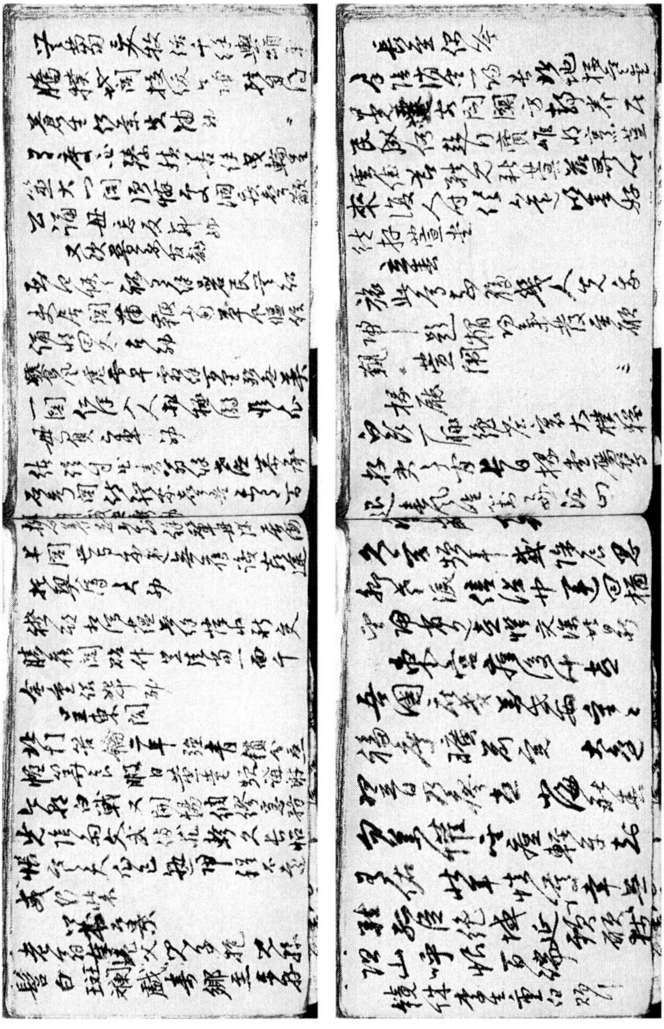

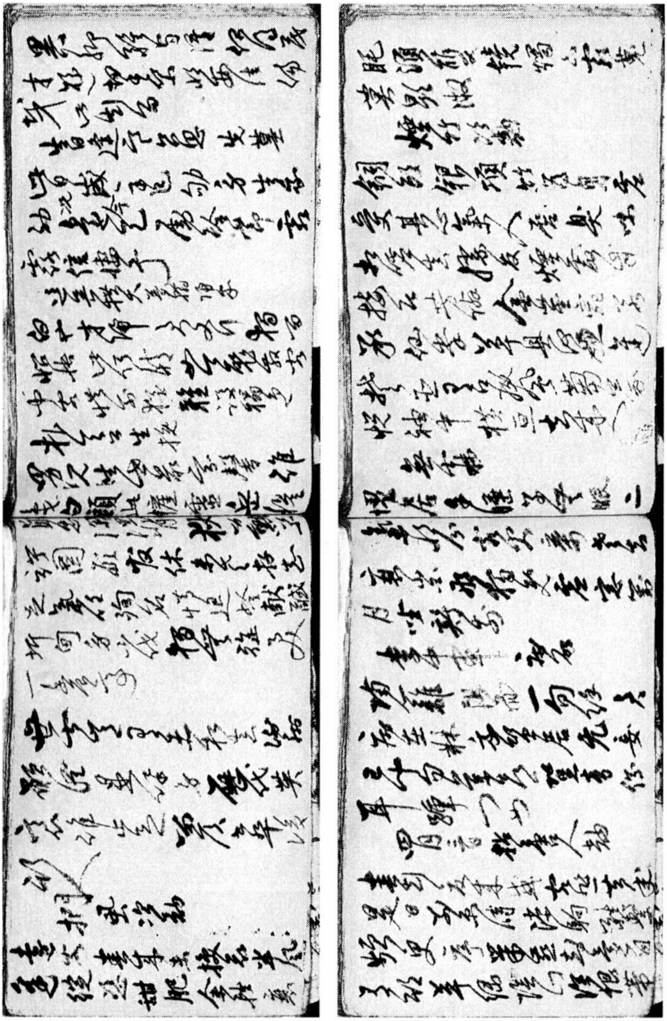

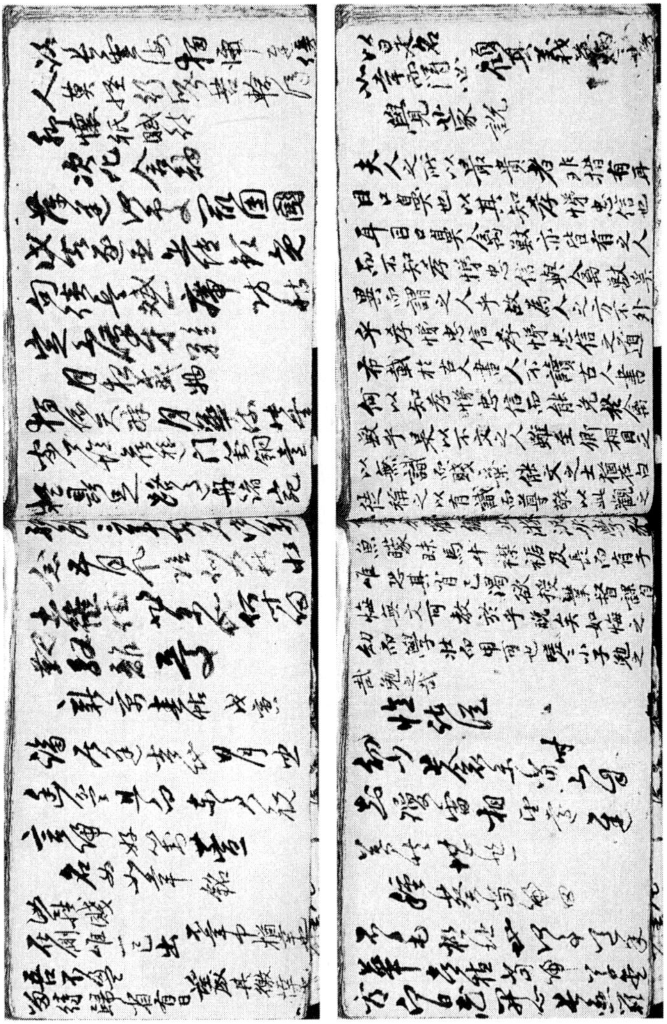

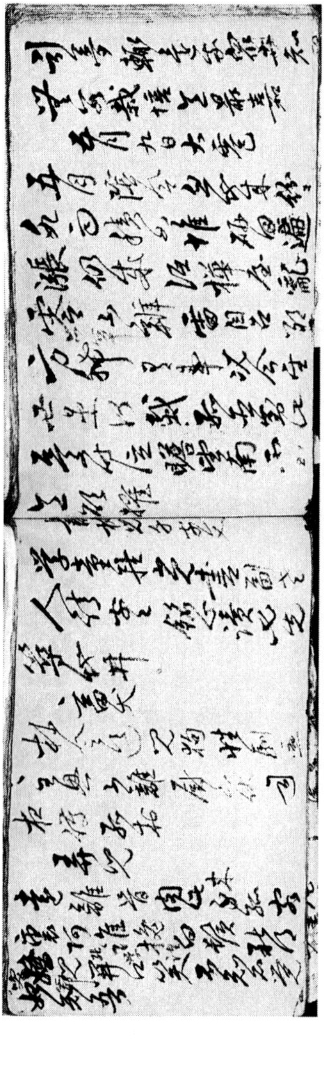
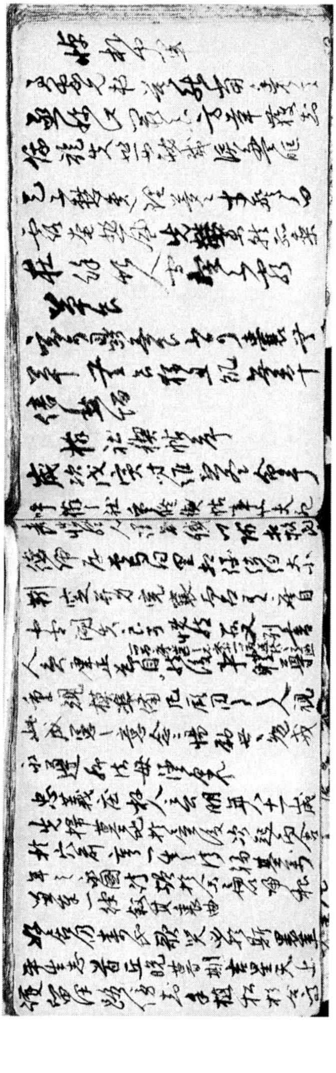

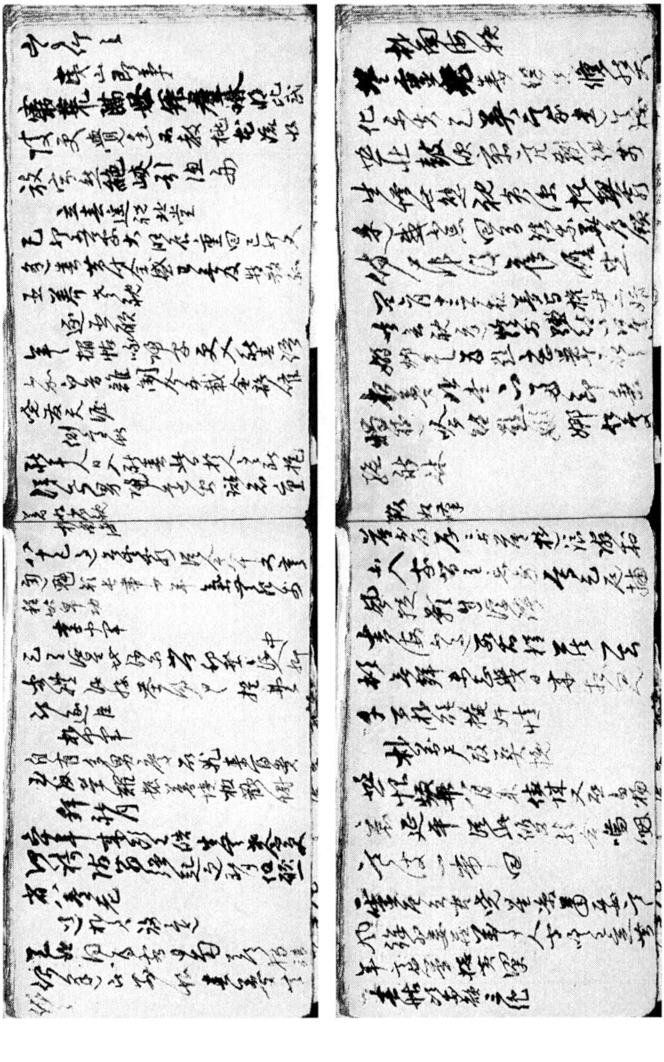

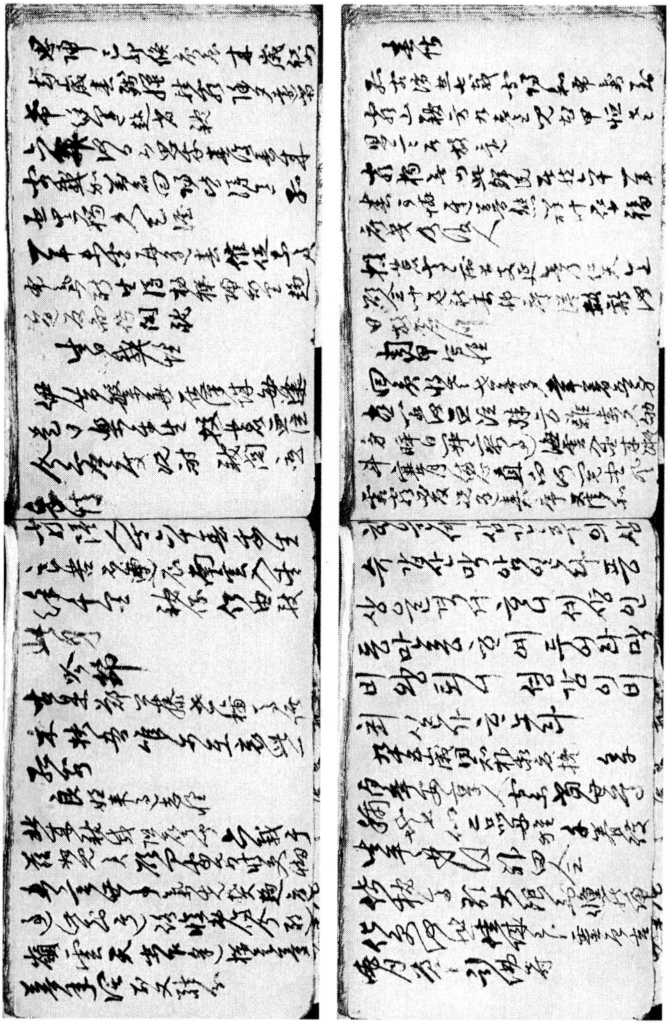

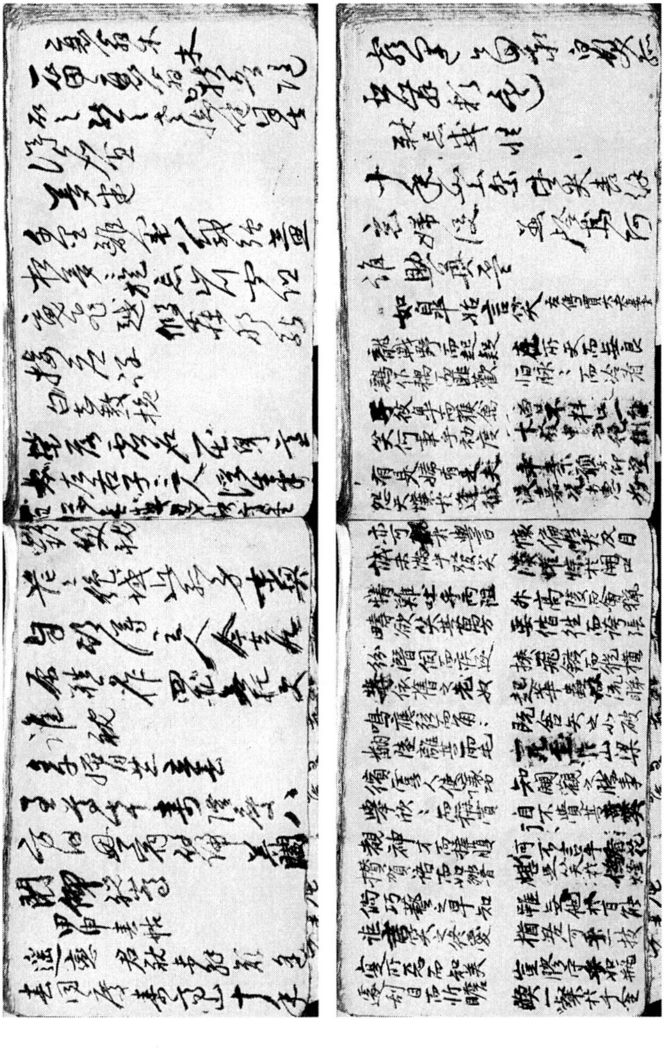

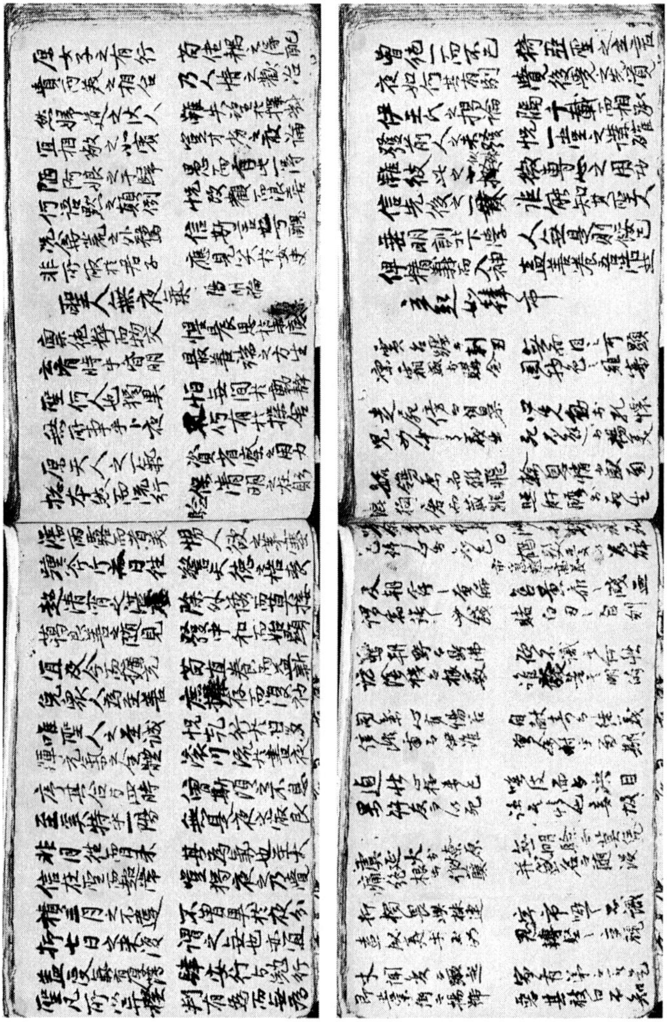

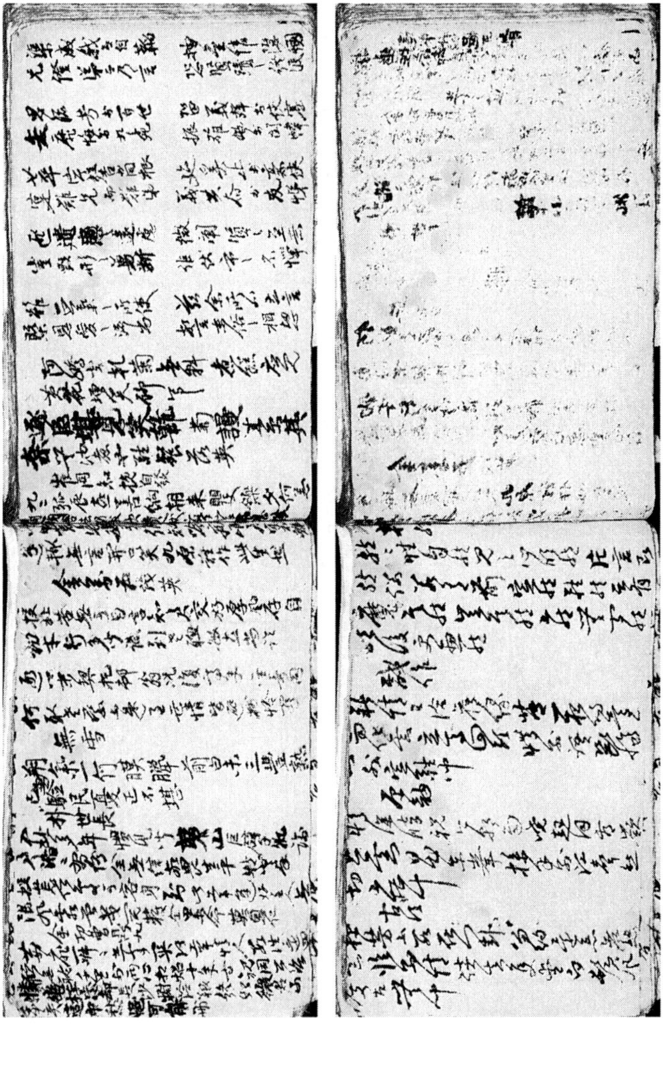

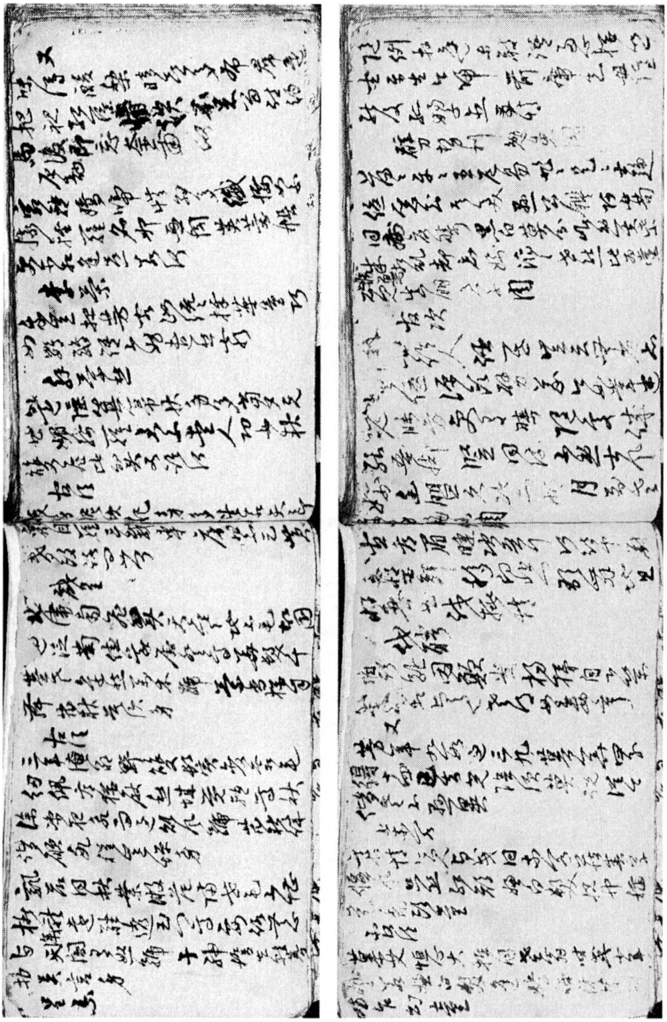

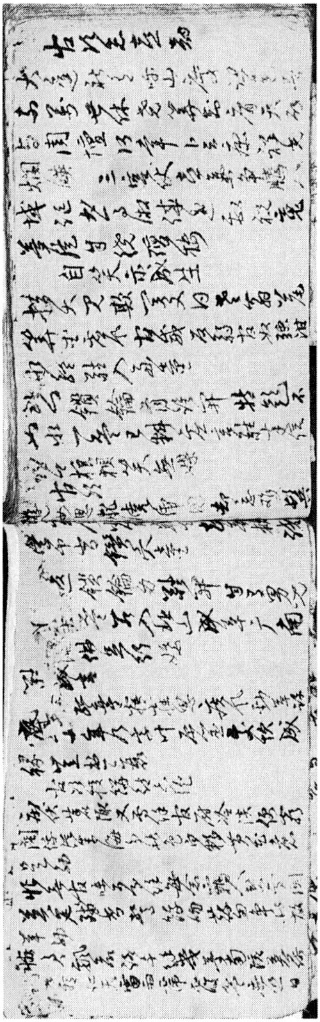

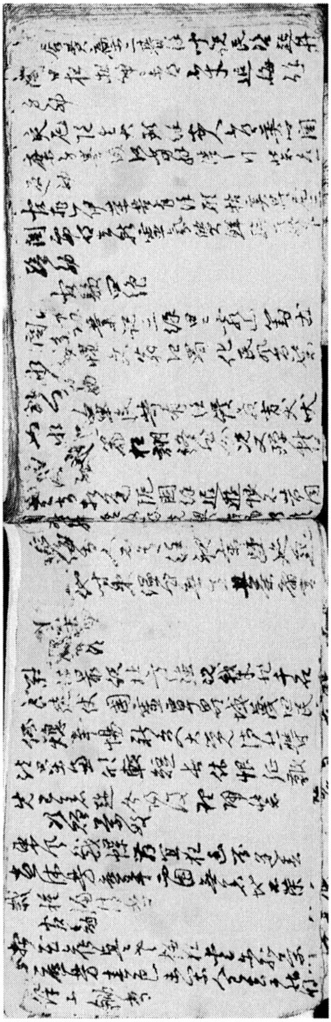

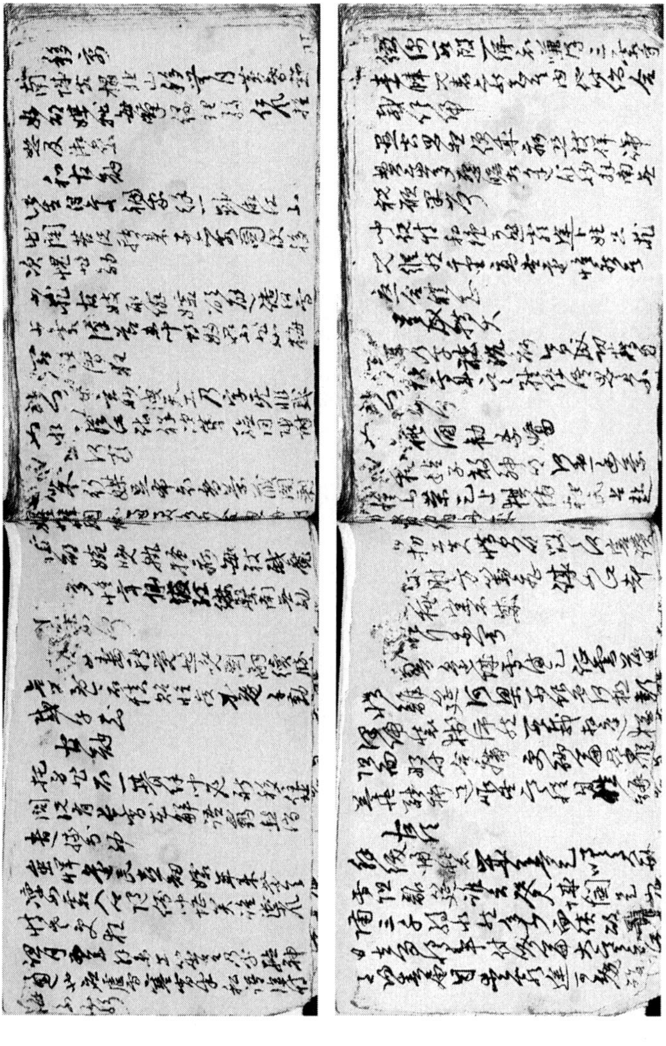

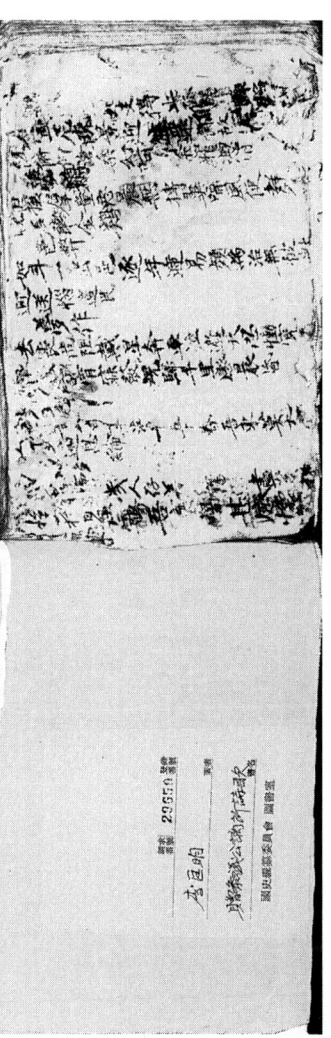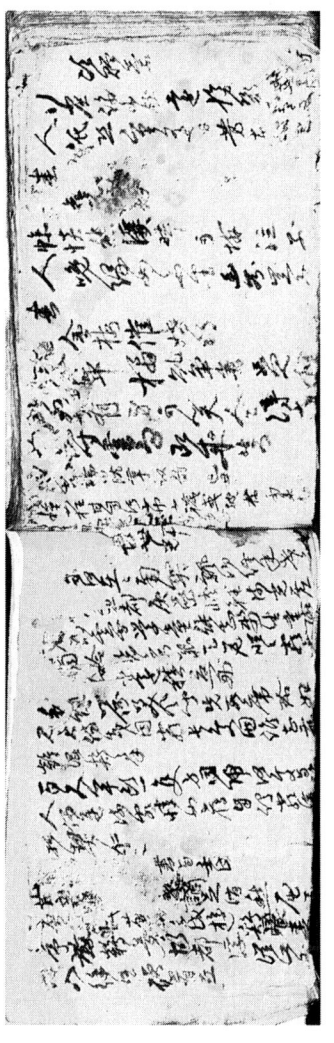

해 설

　《증참의공적소시가(贈參議公謫所詩歌)》는 이광명이 갑산 유배 기간 중 지은 작품집으로, 가사 〈북찬가〉, 갑산 풍속기인 〈이주풍속통(夷州風俗通)〉, 시조 세 편 그리고 한시 200여 수를 담고 있다.

　《증참의공적소시가》는 국사편찬위원회 소장[1]으로 세로 14.1센티미터, 가로 22.6센티미터 크기에 표지를 제외하면 71장 141면 단권 한장(韓裝)의 필사본으로 되어 있다. 표지에 '증참의공적소시가'로 표제된 것은 이광명의 증손인 이시원(李是遠, 1790~1866)이 장원 급제해 출사하자 이광명도 고종 2년(1865)에 신원되었고 이조참의로 추증된 결과다. 표제 우측에는 '갑산적중(甲山謫中 : 갑산에서 귀양살이하는 동안)'이 부기(附記)되어 있다.

---

[1] 국사편찬위원회에는 본 자료집 이외에도 《증참의공적중시가(贈參議公謫中詩歌)》도 존재한다. 두 이본은 제명만 다를 뿐 동일본으로, 《증참의공적소시가》는 《증참의공적중시가》를 비단으로 개장(改裝)하는 과정에서 '적중'을 '적소'로 수정한 것이다.

편차를 보면 다음과 같다.

표지(表紙)
제1장 전면~제12장 후면 : 가사 〈북찬가〉, 한시
제13장 전면~제14장 전면 : 시조, 한시, 시조
제14장 전면~제24장 전면 : 풍속기 〈이주풍속통〉
제24장 전면~제57장 후면 : 한시
제58장 전면~시조
제59장 후면~제71장 전면 : 잡설, 첩서

이처럼 본 작품집은 이광명이 갑산에 도착한 이후부터 (영조 31년, 1755, 55세) 임종 때까지(영조 38년, 1762, 62세) 약 7년 동안 가사, 시조, 산문, 풍속기, 한시, 잡설, 첩서(帖序) 등을 섞어 지은 것이나 대체로 창작순으로 기록되었다. 필체는 행초(行草)가 섞였고 자체(字體)는 대소(大小)가 고르지 않다. 표기는 가사와 시조에는 왼쪽에 주서(朱書)로 한자가 병기되어 있고, 〈이주풍속통〉은 표제 이외에는 한글로 적혀 있다.

가사 〈북찬가〉, 시조 3편, 풍속기인 〈이주풍속통〉 등이 갑산 유배지의 소회를 갈래 관습에 따라 드러내듯 200여 편의 한시 또한 이광명의 정서를 잘 나타내고 있다. 가장

두드러진 특징은 고독과 애수의 정조를 뚜렷하게 보여 주고 있는 점이다. 이외에 갑산의 낯선 풍토, 인물에 대한 관심과 시정(詩情), 고시(古詩) 활용 등이 나타난다. 이 또한 가사, 시조, 풍속기와 궤를 이룬다고 할 수 있다.

앞으로 본 자료집은 함남 방언, 풍속, 사상, 한시, 한글 수필, 시조 등 어학, 사상, 문화, 민속학, 문학 연구에 중요한 기초 자료로 기능할 것으로 보인다. 18세기 서울과 지방, 역사적 주류와 소외에서 나타나는 차이와 차별의 문제를 언어적, 지역적, 정서적으로 접근할 수 있는 뚜렷한 사료이기 때문이다.

참 고 문 헌

《증참의공적소시가(贈參議公謫所詩歌)》(이광명, 국사편찬위원회).

《조선 후기 사대부가사》(장정수, 문학동네, 2021).

〈《증참의공적소시가(贈參議公謫所詩歌)》를 통해 본 이광명(李匡明) 한시(漢詩)의 일고찰〉[이승용, 《한문학논집(漢文學論集)》 50집, 근역한문학회, 2018].

〈1755년 을해역옥과 이광명의 북찬가에 나타나는 유배 체험과 그 의미〉(남정희, 《이화어문논집》 제57집, 이화어문학회, 2022).

〈북찬가의 주제 의식과 '효'의 의미〉(김명준, 《Joural of Korean culture》 22, 한국어문학 국제학술포럼, 2013).

〈이광명(李匡明)의 생애(生涯)와 '이쥬풍속통'에 대하여〉[윤병석(尹炳奭), 《어문연구(語文研究)》 5권 2-3호, 한국어문교육연구회(韓國語文敎育研究會), 1977].

〈이광명(李匡明)의 유배시조고(流配時調考)〉
　　[정명세(鄭明世), 《어문학(語文學)》 47,
　　한국어문학회(韓國語文學會), 1986].
〈이광명(李匡明)의 이쥬풍쇽통과 18세기 함만
　　갑산(甲山)의 언어문화〉(곽충구, 《방언학》
　　제12호, 한국방언학회, 2010).
〈이광명(李匡明)의 적소시가(謫所詩歌)에
　　대하여〉(정기호, 《인문과학연구소논문집》 3집,
　　인하대학교, 1977).
〈조선 후기 풍속 지리 문헌에 나타난 관북(關北)
　　지역과 그 인식의 차이〉(정우봉, 《고전과 해석》
　　제19집, 고전문학한문학연구학회, 2015).

지은이에 대해

　이광명(李匡明, 1701~1788)은 호가 해악장인(海嶽丈人)이며, 숙종 27년(1701)에 서울 서대문 밖 반송방(盤松坊)에서 태어나 정조 2년(1778) 함경도 갑산 유배지에서 78세로 생을 마감했다. 그의 부친은 소론인 이진유(李眞儒)의 막냇동생인 이진위(李眞偉, 1681~1710)이고 모친은 송병원(宋炳遠)의 딸 은진 송씨(恩津宋氏)다. 그가 10세 때 부친상을 당하자 강화도(江華島) 사기리(沙器里)에서 장사 지내고 그곳에서 복거한 것이 계기가 되어 이건창(李建昌) 대까지 250여 년 동안 그의 가문의 세거지(世居地)가 되었다. 또한 이광명이 강화도에 살게 된 것은 당쟁의 결과였다. 그의 백부 이진유는 소론으로서 신임사화(辛壬士禍) 때 노론의 거두를 제거하는 데 앞장섰다가 영조 등극 이후 노론이 정권을 재탈환하자 그는 추자도로 유배를 가게 되어 그곳에서 〈속사미인곡(續思美人曲)〉을 지었다. 몇 년 후 이진유는 서울로 압송되어 국문(鞫問) 중 장폐(杖斃)하게 된다. 이로부터 이진유 일가는 정계에서 멀어지게 되고, 종질(從姪)이던 이광명은 어려서 편모와 함께 강화도에서 살게 되었다.

한편, 이광명은 강화도에서 모친의 훈육을 받았으며 강화도 진강(鎭江)에 있던 정제두(鄭齊斗)에게 사사(師事)했다. 우리나라 양명학(陽明學)은 정제두에 이르러 학문 체계가 정리되어 성장하게 되는데 그 근거지가 강화도였다. 정제두가 강화로 간 것은 1709년이고 이광명이 그곳에 이주한 해는 1710년으로, 자연스럽게 이광명은 정제두로부터 양명학을 수학했고 그의 손서(孫壻)가 되어 이후 이 두 사람을 중심으로 조선의 양명학이 계승 발전하게 되었다. 이처럼 이광명은 성리학 중심의 조선 유학과 대립되는 양명학을 수용해 발전시킨 인물이기도 하다.

이후 이광명이 55세 되던 1755년에 나주괘서(羅州掛書) 사건이 일어나, 신임사화 때 노론 대신을 제거하는 데 앞장섰다가 영조 등극 후에 죽임을 당한 이진유에게 역률이 추시되자[을해옥사(乙亥獄事)], 이광명도 연좌율에 따라 갑산에 유배되어[2] 그곳에서 24년을 살다가 78세에 삶

---

2) 이때 이광명의 종형제들도 모두 북변과 절도로 유배형을 당했다. 이광정(李匡鼎, 1701~1773)은 길주(吉州), 이광언(李匡彦, 1700~1755)은 단천(端川), 이광찬(李匡贊, 1702~1766)은 명천(明川),

을 마감했다.

《전주 이씨 덕천군파보》를 참고해 이광명의 가계도를 간략히 보이면 다음과 같다.

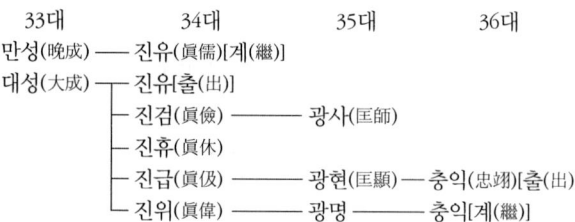

이광현(李匡顯, 1707~1776)은 기장(機張), 이광사(李匡師, 1705~1777)는 부령(富寧)으로 각각 유배를 갔다.

옮긴이에 대해

    김명준(金明俊)은 고려대학교 국어국문학과에서 학사, 석사, 박사 학위를 취득했으며, 고려대학교, 상지대학교, 충북대학교, 상지대학교 강사, 고려대학교 초빙 교수, 파키스탄 국립외국어대학교 한국어학과 조교수 및 학과장을 역임했다. 지금은 한림대학교 인문대학 인문학부 국어국문학 전공 교수로 재직하고 있다.

    저서로는 《조선 중기 시가와 자연》(공저, 2002), 《악장가사 연구》(2004), 《한국 고전 시가의 모색》(2008), 《중세 동서 문화의 만남》(공저, 2008), 《중세 동서 시가의 만남》(공저, 2009), 《고려 속요의 전승과 확산》(2013), 《고전 시가 여행》(공저, 2016), 《한국 고전 문학 작품론》(공저, 2018), 《어촌 심언광의 문학과 사상 2》(공저, 2018), 《생각하며 읽는 한국 고전 시가》(2018), 《중세 동서 시가의 만남》(공저, 2009) 《한국 고전 문학과 정치》(2021) 등이 있고, 번역·자료서로 《악장가사 주해》(2004), 《교주 조선가요 집성》(2008), 《개정판 고려 속요 집성》(2008), 《악장가사》(2011), 《시용향악보》(2011), 《악학궤범》(2013), 《신증 고려 속요 집성》(2017),《한국 고시조 선집》(2019),《덕온 공주가의 한글2》(공저, 2020),《주해 신정가보》(2021) 등이 있다.

증참의공 적소시가, 갑산에서 귀양살이하며 읊다
국문 시가편

지은이 이광명
옮긴이 김명준
펴낸이 박영률

초판 1쇄 펴낸날 2024년 2월 15일

지만지한국문학
출판등록 제313-2007-000166호(2007년 8월 17일)
02880 서울시 성북구 성북로 5-11
전화 (02) 7474 001, 팩스 (02) 736 5047
commbooks@commbooks.com
www.commbooks.com

ⓒ 김명준, 2024

지만지한국문학은
커뮤니케이션북스(주)의 한국 문학 출판 브랜드입니다.
이 책은 저작권자와 계약하여 발행했으므로, 본사의 서면 허락 없이는
어떠한 형태나 수단으로도 이 책의 내용을 이용할 수 없습니다.

ISBN 979-11-288-5449-1 93810

책값은 뒤표지에 있습니다.